1er arrondissement
(Presqu'île)

1. Lycée Diderot (école de tissage)
2. Eglise Saint-Bruno-des-Chartreux
3. Eglise du Bon-Pasteur
4. Ecole des Beaux-Arts
5. Théâtre des Trois Gaules
6. Eglise Saint-Polycarpe
7. Subsistance militaire
8. Hôtel de Ville (1646-1652)
9. Palais des Beaux-Arts (XVIIe)
10. Fontaine Bartholdi, place des Terreaux
11. Opéra de Lyon, ou Grand-Théâtre
12. Lycée Ampère
13. Ancienne Eglise Saint-Pierre
14. Eglise Réformée
15. Eglise Saint-Vincent
16. Lycée de la Martinière

2e arrondissement
(Presqu'île)

17. Passage Ménestrier
18. Caisse d'Epargne
19. Palais de la Bourse, C.C.I. (XIXe)
20. Banque de France
21. Eglise Saint-Nizier (XVe)
22. Eglise Saint-Bonaventure,
    ancienne église du couvent des Franciscains
23. Théâtre des Célestins
24. Hôtel-Dieu (Rabelais y fut médecin de 1532 à 1534)
25. Statue de Louis XIV, place Bellecour
26. Maison de Lyon
27. Eglise Saint-François
28. Clocher de la Charité
29. Synagogue
30. Faculté catholique
31. Musée des Arts Décoratifs
32. Musée historique des Tissus (Hôtel Villeroy, XVIIIe)
33. Basilique d'Ainay
34. Monument de la République
35. Eglise Sainte-Croix
36. Gare routière
37. Lycée Récamier

3e arrondissement
(rive gauche du Rhône)

38. Préfecture
39. Eglise Réformée
40. Eglise de l'Immaculée-Conception
41. Halles
42. Eglise du Saint-Sacrement
43. Eglise arménienne Saint-Jacques
44. Piscine
45. Communauté urbaine de Lyon
46. Cité Administrative d'Etat
47. Auditorium Maurice-Ravel
48. Tour du Crédit Lyonnais
49. Maison de la Radio
50. Bibliothèque municipale
51. Gare SNCF La Part-Dieu, entrée principale

4e arrondissement
(La Croix-Rousse)

52. Maison des Canuts
53. Eglise Saint-Augustin
54. Eglise Sainte-Elisabeth
55. Mairie

5e arrondissement
(Fourvière)

56. Archives Départementales
57. Eglise Saint-Paul
58. Gare
59. Palais Bondy et Guignol Mourguet
60. Temple
61. Musée historique
62. Palais de Justice
63. Cathédrale Saint-Jean (Primatiale)
64. Archives municipales
65. Tour métallique TDF
66. Basilique Notre-Dame-de-Fourvière
67. Archevêché
68. Hôpital Sainte-Croix
69. Musée de la Civilisation gallo-romaine
70. Théâtres romains de Fourvière
71. Hôpital Antiquaille
72. Eglise Saint-Georges
73. Lycée Saint-Just
74. Eglise Saint-Just
75. Faculté catholique

6e arrondissement
(rive gauche du Rhône)

76. Ancienne gare des Brotteaux
77. Ile des Tamaris (Parc de la Tête d'Or)
78. Parc zoologique
79. Parc aux Daims
80. Serres
81. Lycée du Parc
82. Eglise Saint-Joseph
83. Musée Guimet
84. Eglise de la Rédemption
85. Mairie
86. Eglise Saint-Pothin
87. Lycée Edouard-Herriot
88. Hôtel du Gouvernement Militaire

7e arrondissement
(rive gauche du Rhône)

89. Piscine
90. Université Lyon III (Jean-Moulin)
    et Lyon II (Louis-Lumière)
91. Hôpital Saint-Luc
92. Maison de l'Orient Méditerranéen
93. Institut bactériologique
94. Eglise Saint-André
95. Eglise Saint-Louis
96. Musée Africain
97. Eglise Sainte-Marie
98. Université Lyon III (Jean-Moulin)
99. Caserne Sergent-Blandan.

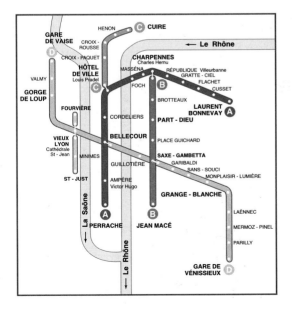

les lumières de l'Europe
Lyon

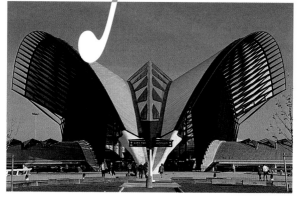

Textes
Isabelle Pautrat / Jacques-Bernard Taste

Traduction
Toby Garrad

Photos
Christine Delpal / Marc Carbonare

les créations du
Pélican

© 1998 Les Créations du Pélican / VILO
ISBN : 2 7191 0407-8
Dépôt légal : 3ᵉ trimestre 1998
Siège social : VILO - 25, rue Ginoux - 75015 Paris - Téléphone : 01 45 77 08 05 - Télécopie : 01 45 79 97 15
Direction éditoriale : 9, avenue de la Galine - 34170 Castelnau-le-Lez - Téléphone : 04 67 02 66 02 - Télécopie : 04 67 02 66 01
Conception/maquette : Jean-Michel Renault
Mise en page PAO et photogravure : Photogravure du Pays d'Oc
Tous droits réservés pour tous pays

LYON
les lumières de l'Europe

La ville a ses couleurs, ses toits rouge brique qui lui mettent l'âme à vif et ses secrets qui l'enferment dans l'ombre. La ville a sa lumière de 17 heures si particulière, avec ce soleil qui lèche d'une lenteur étudiée chacune de ses façades ; d'abord celles de la rive gauche du Rhône puis celles de la presqu'île avant de s'éclipser pieusement derrière la colline de Fourvière. A contre-jour, au compte-gouttes, Lyon laisse parfois filtrer quelques vérités cruelles sur ses occupants. La nuit tombée elle se révèle mais il faut un « plan lumière » très méticuleusement orchestré par la municipalité pour lire sa beauté politiquement correcte. D'aucuns vous diront l'obscénité des faisceaux lumineux qui fourragent sans gêne chaque recoin de monument et les dessous des ponts. Finalement, il faudra vous rappeler que le point le plus obscur se trouve le plus souvent sous les points lumineux que l'on vous invite à fixer. Ce que vous voyez n'est peut-être qu'un trompe-l'œil comme ces murs peints qui figent pêle-mêle V.I.P. vivants et gloires disparues. Ce que vous croyez comprendre est le fruit d'un faire-savoir officiel. Capitale des charmes et des mystères, Lyon vous attend, vous épie, filme vos déambulations et se régale de vos excès gastronomiques. Si vous cherchez quelque éclairage, c'est de Fourvière qu'il vous faudra entreprendre votre quête initiatique. De ce point culminant, à trois cents mètres au-dessus du niveau de la mer mais seulement de quelques dizaines de mètres au-dessus des cuisines des « Mères »

Le Rhône et la Saône s'unissent dans cette jolie allégorie sculptée, exposée ici dans les jardins du Palais de la Bourse.
The Rhone and the Saône meet here in this delightful allegory in the gardens of the Palais de la Bourse.

lyonnaises, vous pourrez embrasser la ville avec sa topographie très particulière. Peu de sites au monde ont cette chance d'accueillir un confluent dans leur enceinte et le rare privilège d'être à la croisée des chemins de l'Europe. Munatius Plancus, lieutenant de Jules César, fondateur de la cité voici 2 000 ans, s'est, dit-on, rapidement acquitté de la mission de bâtisseur qui lui avait été fixée pour le tenir écarté de Rome. La ville n'en a pas moins fructifié ! En 16 avant Jésus Christ, cinq grandes voies partaient de la colline de Fourvière pour l'Italie, la Méditerranée, le Rhin, l'Aquitaine et l'Atlantique... Autant de voies amenaient à Lyon le mélange d'hommes et de cultures qui ont toujours fait sa richesse. L'historien Sébastien Charléty, le rappelle dans un ouvrage très documenté publié au début du XXᵉ siècle. « Lyon, cette ville où l'on agit plus que l'on ne discute s'est fait une grande réputation en Europe centrale », témoigne-t-il à propos des premiers développements de la cité, avant d'ajouter « au XVᵉ siècle

Flânerie dans la fraîcheur des rues médiévales du quartier Saint-Jean, sur la rive droite de la Saône. En fin de journée, les Lyonnais s'échappent volontiers des tours de verre des quartiers neufs pour ranimer les ruelles du passé au pied de Fourvière.

Taking a stroll through the medieval streets of the Saint Jean area. After a hard day's work people in Lyons like to get away from the modern high-rise glass buildings and enjoy the cool evening air of the narrow streets at the foot of Fourvière.

comme à l'époque romaine, elle devient un des grands carrefours du monde ; c'est le lieu de rendez-vous où se mêlent les races latine et germanique. Allemands, Suisses, Florentins, Lucquois, Génois, Milanais, Espagnols se rencontrent dans ses foires. Beaucoup s'y fixent et se font Lyonnais, arrivent aux charges municipales. Leur rôle et leur influence sont immenses. Tout ce qui est caractéristique dans la vie lyonnaise est d'origine étrangère ; des Italiens y importent la soie, le change est florentin, l'imprimerie est allemande. C'est l'imprimerie qui est à l'origine du plus puissant mouvement intellectuel qu'ait connu Lyon, celui du XVIᵉ siècle ; c'est le change et la fabrique de soieries qui font le Lyon moderne. Et le produit de ce mélange incessant de races et de langues reste pourtant obstinément permanent et fixe dans ses manières essentielles d'être et de penser. » Peut-être ces aspects fondamentaux du développement de Lyon ont-ils été négligés, voire étouffés, par des pensées trop laborieuses. Mais aujourd'hui, Lyon est repartie à la conquête d'une nouvelle richesse internationale. Il n'est pas un discours qui ne rappelle sa position géostratégique. Il n'est pas un projet qui ne s'envisage sans une dose d'internationalité. En témoigne le recours à des architectes de renom : le Catalan Santiago Calatrava, concepteur de la plate-forme multimodale de Satolas, ou l'Italien Renzo Piano, créateur de la Cité Internationale de Lyon. En témoignent encore la volonté de séduire les grands de ce monde au cours d'un G7 qui a été salué comme un moment fort de convivialité, et le regain d'intérêt des opérateurs économiques et institutionnels internationaux pour cette plaque tournante de la nouvelle Europe. Lyon lumière de l'Europe avez-vous dit ? La vérité est peut-être nichée dans cette symbolique étincelante. A vous de la découvrir au fil des pages que vous allez tourner.

LYONS
lights of Europe

Lyons is reputed for its bright colours and red rooftops that arouse the city's soul and its secrets. The city is reputed for its particularly unusual light at five o'clock. The sun carefully shines down on each of the buildings' facades, starting with those on the left bank of the Rhone then moving across to those of the peninsula before eventually slipping away religiously behind Fourvière hill.

Against the light, Lyons sparingly divulges some of the cruel truths about its inhabitants. After dark, it comes to life, but it takes the city council's carefully designed "lighting plan" to fully appreciate the politically correct beauty of the city. The floodlights that cheekily illuminate each corner of the monuments and underneath the bridges are claimed to be vulgar by some. In most cases, of course, the darkest and most obscure point is right under the lit up spot one has been invited to admire. What one sees could well be a trompe-l'œil, such as these painted walls of living V.I.Ps and dead celebrities. What you

think you understand is the result of official knowledge transference. Lyons is both a most charming and mysterious city. It awaits you, watches your every move, films your wanderings and loves to treat you to a delicious meal. Should you want to look out some of these lights, Fourvière is the best place to start your initiatory search. From this highest point, a full three hundred metres above sea level, one can contemplate the unusual topography of Lyons and the surrounding area. "Mères" kitchens are only a step away. Located at a cross-roads to Europe, Lyons is one of the few cities in the world to have a confluent within its walls. Munatius Plancus, Julius Caesar's lieutenant, and founder of the city 2,000 years ago, quickly set about his master-building mission when he was removed from Rome. The town prospered and in 16 AD there were already five big roads leading from Fourvière hill towards Italy, the Mediterranean, the Rhine, the Aquitaine, and the Atlantic. It is these roads that brought the mixed population, varied cultures and the

resulting source of wealth to the city. In a well documented book published at the beginning of the 20th century, the historian Sebastien Charléty, referring to the first major developments of the city, wrote: "Lyons, the town where one takes action more than one talks, has made a name for itself in Central Europe". He went on to add "During the 15th century, as in the days of the Romans, Lyons became one of the major cross-roads to the world; it is the meeting point for Mediterranean and Germanic races. Germans, Swiss, Italians and Spanish all meet at the markets of Lyons.

Le lycée international de Gerland, une architecture audacieuse qui se fond dans la nature.
The daring architecture of the international Gerland Lycée seems to blend with the natural environment.

Many of these people settle and become inhabitants of Lyons, later taking on municipal duties. Anything that is typical to Lyons is of foreign origin; silk was imported by the Italians, finance came from Florence, and the printing industry was imported from Germany. The intellectual movements of the 16th century are the result of the printing industry; the modern Lyons is the result of finance and silk. And the produce of this incessant mixing of races and languages remains obstinately fixed in the town's way of thinking and doing things". These fundamental aspects about the development of Lyons may have been neglected or held back by laborious thoughts. But today, Lyons is all set to conquer a new international wealth. The city's geo-strategic location is mentioned on the occasion of each speech. All new projects include a dose of internationalisation. Internationally famous architects such as the Catalan Santiago Calatrava and the Italian Renzo Piano have been commissioned to build the multi-mode Satolas platform and the Cité Internationale of Lyons.

The G7 was praised and widely considered as a time of extremely warm relations. International businesses and institutional investors have turned again to Lyons, one of the major cross-roads to the new Europe. Lyons, the European light, did you say? The truth is probably nested in this sparkling symbol. May you discover this for yourselves as you browse through the pages of this book.

Navigation fluviale sur la Saône qui baigne le quartier Saint-Jean et, de l'autre côté, le quai de la Pêcherie.
Inland navigation on the Saône through the Saint Jean area and, on the other bank, the Pêcherie quay.

A Gauche, vue générale, depuis l'esplanade de Fourvière, d'une partie de la place Bellecour et du troisième arrondissement.
Panoramic view of a part of Place Bellecour and the third arrondissement from Fourvière esplanade.

Repères historiques des Lyonnais

● L'apparition du Massif Central remonte à l'ère primaire, celle des Alpes et du Jura à l'ère tertiaire. Au quaternaire, les glaciers des Alpes et du Jura descendent jusqu'à l'emplacement actuel de Lyon. Les glaciers se retirent, le Rhône et la Saône poursuivent leur ouvrage et accentuent le relief de la région lyonnaise.

The appearance of the Massif Central dates back to the Palaeozoic era, while the Alps and the Jura Mountains appeared during the Tertiary era. During the Quaternary the glaciers in the Alps and the Jura Mountains came right down the valleys to where Lyons stands today. When the glaciers retreated, the Rhone and Saône rivers continued their work of time, emphasising the hilly landscape of the Lyons area.

● **42 avant J.C.** A la mort de César, le sénat cherche à tenir à distance de Rome les officiers susceptibles de vouloir le venger. Ordre est donné aux lieutenants de l'empereur assassiné Munatius Plancus et Lépide de fonder une colonie militaire. Seul Plancus s'exécute. Lépide rejoint Marc-Antoine.

Upon the death of Caesar, the senate tried to keep all the officers with visions of revenge away from Rome. Order was given to Munatius Plancus and Lepidus, the assassinated emperor's lieutenants, to found a military colony. Only Plancus obeyed order. Lepidus joined Marcus Antonius.

● **43 avant J.C.** Munatius Plancus accomplit sur l'actuelle colline de Fourvière les rites qui président à la naissance d'une colonie romaine. Lugdunum est officiellement créée.
Il existe deux définitions du mot LUGDUNUM :
• ville des corbeaux : Lugu = corbeau / Dùn = colline. Le corbeau était chez les Celtes, symbole d'abondance et de prospérité ;
• ville de Lugu : Lugu ou Lug = lieu gaulois / Dùn = ville fortifiée.

Munatius Plancus chaired the opening ceremony of a Roman colony. Lugdunum was officially born.
There are two definitions to the word LUGDUNUM:
• town of crows – Lugu = crow / Dun = hill. For the Celts the crow symbolised abundance and prosperity,
• town of Lugu: Lugu or Lug = Gaul location / Dun = fortified town.

● **27 avant J.C.** L'empereur Auguste, fils adoptif de César, décide de faire de Lugdunum la capitale des Gaules.

The emperor Augustus, an adopted son of Caesar, decided to turn Lugdunum into the Gaul capital.

● **16 avant J.C.** Auguste, accompagné d'Agrippa, son gendre et associé, concourt au développement de Lyon. La ville est dotée d'un grand forum (au sommet de Fourvière) puis, trente-cinq ans plus tard du "théâtre des Trois Gaules" à la Croix-Rousse. De nouvelles rues sont percées, un aqueduc est construit pour amener l'eau du mont Pilat dans la ville d'où partent cinq grandes voies, vers l'Italie, la Méditerranée, le Rhin, l'Aquitaine et l'Atlantique.

Augustus, accompanied by Agrippa, his son-in-law and partner, set about developing Lyons. A big forum (at the top of Fourvière) and, 35 years later, the theatre of the Three Gauls on Croix-Rousse hill) were built. New streets were made and an aqueduct was built to bring water from the Pilat mount to the town from where five big roads started in the directions of Italy, the Mediterranean, the Rhine, the Aquitaine, and the Atlantic.

● **12 avant J.C.** Le général romain Drusus fait élever à Lyon l'autel de Rome et d'Auguste : c'est le premier temple consacré à la religion de l'Etat.

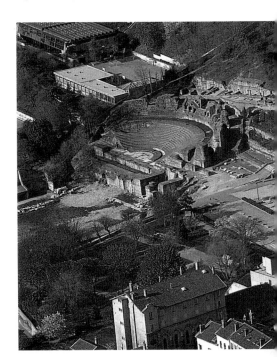

*The Roman general Drusus had the altar of Rome
and Augustus erected in Lyons. It was the first temple
devoted to the religion of the state.*

● **41.** Claude est proclamé empereur. Fils de
Drusus et neveu de Tibère, il est né à Lyon en l'an
10 avant J.C.

*Claudius was proclaimed emperor. He was the son of
Drusus and the nephew of Tiber. He was born in
Lyons in the year 10 BC.*

● **48.** Claude confère aux habitants de Lugdunum la qualité de citoyens romains. Le discours
qu'il prononce devant les députés des Gaules,
réunis à Lyon, est retranscrit sur des plaques de
bronze qui portent le nom de «tables clau-
diennes». A cette époque, Lugdunum atteint son
apogée. En hommage au geste de l'empereur, le
Sénat local décide d'appeler la cité « Copia Claudius Augusta Lugdunum ».

*Claudius conferred the status of Roman citizens on
the inhabitants of Lugdunum. The speech he made*

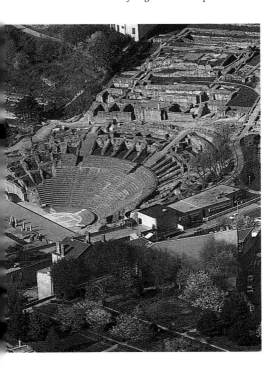

*before the Gaul deputies who had gathered in Lyons
was retranscribed on to brass plates. These were
named Claudius tables. At this time Lugdunum had
reached its peak. In honour of the emperor's gesture
towards the town, the local Senate decided to name
the city "Copia Claudius Augusta Lugdunum".*

● **En l'an 65.** Lyon est en grande partie
détruite par un terrible incendie. Néron envoie une
aide de quatre millions de sesterces pour aider à sa
reconstruction.

*A terrible fire largely destroyed Lyons. Nero dispat-
ched four million sesteria to the town to help with
reconstruction.*

● **Au IIe siècle,** Lyon apparaît sous un nouveau
jour : le véritable Lugdunum, fondé par Munatius
Plancus, s'élève sur la colline de Fourvière côté rive
droite de la Saône ; la ville gauloise de Condate
(confluent en Celte) est entre Saône et Rhône, sur
les pentes de la colline qui fait face à Fourvière.

*When it re-emerged during the 2nd century, Lyons
looked different. The real Lugdunum, founded by
Munatius Plancus, was rebuilt on Fourvière hill, on
the right bank of the Saône. Condate (confluence in*

*Celtic) appeared between the Saône and the Rhone,
on the hillside opposite Fourvière.*

● **150.** Construction de l'église de Lyon, deuxième église connue de l'Occident après Rome.
Son évêque se nomme Pothin, il est assisté d'Irénée.

*The church of Lyons is built. It is the second only
church in the West after Rome. The bishop's name is
Pothin; Irénée assists him.*

● **177.** Les chrétiens sont persécutés sous le règne
de Marc Aurèle. Pothin est torturé et livré aux fauves
dans le théâtre des Trois Gaules. Le même jour, l'histoire retient aussi le calvaire de Blandine. Après avoir
subi une journée de supplice, cette jeune esclave est
attachée avec un filet et jetée dans l'arène à un taureau furieux. Son corps est ensuite brûlé et ses
cendres sont répandues dans les eaux du Rhône pour
qu'il n'en reste nulle trace. Irénée parvient à échap-
per au massacre. Il devient le second évêque de Lyon
et reprend l'œuvre de Pothin.

*The Christians are persecuted during the reign of
Marcus Aurelius. Pothin was tortured and delivered
to the lions in the Three Gauls theatre. On the same
day a young slave called Blandine was also tortured,
tied up in a net and thrown into the arena to a fero-
cious bull. Her body was then burnt and her ashes
were dispersed in the water of the Rhone so that there
should be no trace left of her. Irénée managed to sur-
vive the massacre. He subsequently became the bishop
of Lyons and took up Pothin's work again.*

Une des nombreuses sculptures exposées au musée gallo-romain de Fourvière.
One of the many sculpted exhibits in Fourvière Gallo-Roman museum.

● **18 février 197.** Après l'assassinat de l'empereur Commode, Septime Sévère et Clodius Albinus se disputent sa succession. Lugdunum s'oppose à Sévère qui emporte le combat. Le nouveau maître de Rome se venge en faisant saccager la ville par ses soldats et en massacrant quelques hauts dignitaires locaux.

Following the assassination of the emperor Commodus, Septimius Severus and Clodius Albinus fought for succession. Lugdunum took sides against Severus but it was he who won the battle. In revenge the new ruler from Rome ordered his troops to vandalise the town and kill several of the leading local dignitaries.

● **211.** Caracalla est proclamé empereur conjointement avec son frère Géta qu'il fait assassiner l'année suivante. Né à Lugdunum en 188 et fils de Septime Sévère, Caracalla promulgue en 212 un édit qui accorde la citoyenneté romaine à toutes les provinces, confondant juridiquement romains, latins et provinciaux. Caracalla meurt en 216 et le déclin de Lyon commence à s'amorcer et durera tout le IIᵉ siècle.

Caracalla and his brother Geta were proclaimed emperor together but within the year Caracalla arranged to have his brother assassinated. Caracalla was born in Lugdunum in 188. He was the son of Septimius Severus. In 212 he promulgated an edict in which Roman citizenship was granted to all provinces and bound the Romans, Latins and Provincials legally. Caracalla died in 216 and Lyons fell into decline through the entire 2nd century.

● **284.** Dioclétien divise l'empire en quatre préfectures dont celle des Gaules comprenant trois diocèses : Gaule, Espagne et Bretagne.

Diocletianus divided the empire into four prefectures. One of these was the Gauls where there were three dioceses – Gaul, Spain and Brittany.

● **Deuxième moitié du IVᵉ siècle.** Les Barbares attaquent l'empire Romain.

During the second half of the 4ᵗʰ century, the barbarians attacked the Roman Empire.

● **Au IVᵉ siècle,** la ville haute de Fourvière, privée d'eau, ne permettait plus aucune habitation. C'est à cette période que l'on situe la mort de Lugdunum.

Fourvière was deprived of water, which meant that the town became uninhabitable and doomed.

● **460.** Les Burgondes (ancien peuple germanique) s'installent à Lyon. Gondebaud, leur roi, fait alliance avec Clovis après l'avoir combattu.

The Burgonds (an old Germanic people) settled in Lyons. Their king, Gondebaud, signed a pact with Clovis after having fought against him.

● **534.** Lyon revient à Childebert 1ᵉʳ, fils de Clovis, roi de Paris, et vit les moments agités du royaume mérovingien.

Lyons is handed down to Childebert 1st, Clovis' son, and king of Paris.

● **549.** Le roi Childebert fonde un hôpital qu'on s'est plu sans preuve formelle à considérer comme l'origine de l'Hôtel-Dieu. C'est en souvenir de cette tradition qu'on a placé les statues de Childebert et de sa femme Ultrogothe à l'entrée de l'Hôtel-Dieu.

King Childebert founded a hospital which, despite there being any evidence, one likes to think of as the Hôtel-Dieu. In souvenir of this tradition the statues of Childebert and his wife Ultrogothe have been placed at the entrance to the Hôtel-Dieu.

● **725.** Les Sarrasins ravagent toute la vallée du Rhône. Ils pillent et brûlent Lyon.

The Saracens rampaged through the Rhone valley, destroying, looting and burning much of Lyons.

● **732.** L'invasion arabe est stoppée à Poitiers par Charles Martel. Lyon passe sous domination carolingienne jusqu'en 879. Charlemagne fait de l'évêque de Lyon le protecteur de l'Église et le défenseur de la foi.

The Saracen invasion got as far as Poitiers before it was stopped by Charles Martel. Lyons was placed under Carolinian rule until 879. The bishop of Lyons became the protector of the Church and faith defender.

● **879.** Lyon devient capitale du royaume de Provence. Son souverain se nomme Boson, c'est le beau-frère du roi de France, Charles le Chauve.

Lyons became the capital of the Kingdom of Provence. Boson, the king of Provence, was the king of France Charles le Chauve's brother-in-law.

Le marché de la place des Minimes à Lyon en 1819. Cette huile sur toile très narrative se trouve au Musée des Beaux-Arts.
Place des Minimes market in 1819. This extremely narrative looking oil canvas can be seen in the Beaux Arts museum.

935. La ville est ravagée par les Hongrois. Les grandes abbayes de Savigny et d'Ainay sont ruinées après leur passage.

The town was attacked by the Hungarians. The big Savigny and Ainay abbeys were ruined.

1303. Lyon s'embellit et son territoire s'étend. Les commerces se multiplient dans la presqu'île actuelle autour de l'église Saint-Nizier.

Lyons was smartened up and new territories were added to the town. More and more shops opened in the peninsula around Saint Nizier church.

21 juin 1320. Naissance officielle de la commune de Lyon à la suite d'une convention passée entre l'archevêque de la ville, Pierre de Savoie, et les citoyens lyonnais qui obtiennent le droit de « s'assembler, de nommer des consuls pour veiller aux intérêts de la ville, de s'imposer une taille, de s'armer pour la défense commune ». Ils restent justiciables de l'Archevêché.

The commune of Lyons is officially created following the signing of a convention between the archbishop Pierre de Savoie and the citizens of Lyons who were granted the right to 'gather, name consuls to watch over the interests of the town, impose a tax, and arm themselves to protect the commune'. The commune remains answerable to the Archbishop.

1495. Le Roi Charles VIII confère aux Consuls de Lyon (ou Echevins) la noblesse pour eux et pour leur descendants.

King Charles VIIIth awarded the Consuls of Lyons and their descent with a noble status.

1500. Lyon est une des premières villes de France à posséder des imprimeries. Au XVIᵉ siècle, l'imprimerie lyonnaise est l'une des plus célèbres dans le monde.

Lyons was one of the very first towns in France to have printing shops. During the 16th century, Lyons' printing shops were among the most famous in the world.

1555. Le salon de Louise Labé, poétesse lyonnaise (1526-1566) est ouvert à tous les esprits brillants. Surnommée la Belle Cordière, elle a, dit-on, « une face plus angélique qu'humaine et un génie poétique inné ».

Louise Labé (a poet from Lyons, 1526-1566) opened her living room to all great minds. Nicknamed the

Louise Labé, "la Belle Cordière", célèbre poétesse lyonnaise du XVIᵉ siècle.
Louise Labé, a well known 19th century poet.

Belle Cordière – "the Beautiful Rope-maker"–, she is said to have been 'angelic rather than human face and to have had an inborn genius for poetry'.

1560. Au début des guerres de religion, Lyon possède une église protestante très active.

At the beginning of the Wars of Religion, the Protestant church in Lyons was extremely active.

Avril 1562 à 1563. Les protestants sont maîtres de Lyon. Le baron des Adrets, chef du parti protestant en Dauphiné, s'invite dans la ville et en fait son instrument. Les églises de Saint-Irénée et de Saint-Just sont détruites.

The Protestants ruled Lyons. The baron of Adrets, head of the Protestant party in the Dauphiné, invited himself to town and destroyed the Saint Irénée and Saint Just churches.

Juin 1563. Le baron des Adrets trahit la cause protestante. Lyon revient au royaume.

The Baron of Adrets betrayed the Protestant cause. Lyons was handed back to the Kingdom.

1572. Le massacre de la Saint-Barthélémy n'épargne pas la ville. Le Rhône charrie par centaines les cadavres des Huguenots.

Lyons was not spared by the Saint Barthelemy massacre. Hundreds and hundreds of Huguenot corpses were washed away by the Rhone.

1600. Mariage à Lyon de Marie de Médicis et Henri IV à la primatiale Saint-Jean.

Henry IVth and Marie de Medicis were married in Saint Jean cathedral.

1646. Début des travaux de construction de l'hôtel de ville de Lyon. La première pierre est posée par l'archevêque de Lyon, monseigneur Camille de Neuville.

Construction of the Town-Hall begins. The first stone was laid by the Archbishop of Lyons – Monseigneur Camille de Neuville.

1709. Le Consulat de Lyon inaugure la statue de Louis XIV à Bellecour.

The statue of Louis XIVth is inaugurated by the Consulate of Lyons at Bellecour.

1715. A la fin du règne de Louis XIV, la ville fait banqueroute. Les Lyonnais sont ruinés.

At the end of Louis XIVth's reign Lyons went bankrupt. The people of Lyons were penniless.

La statue équestre de Louis XIV est le point central de la place Bellecour.
The equestrian statue of Louis XIVth stands in the middle of Place Bellecour.

André-Marie Ampère, physicien lyonnais et inventeur du premier télégraphe électrique.
André-Marie Ampère, a physician from Lyons, inventor of the electric telegraph.

1754-1756. Construction de l'Opéra de Lyon, réaménagé dès 1842. Autrefois plus connu sous le nom de « Grand-Théâtre », il occupe l'emplacement de l'ancien théâtre de Soufflot (construit en 1754).

The Opera of Lyons is built. It is subsequently renovated in 1842. Built on the site of the old Soufflot theatre (1754) it was formerly better known as the "Grand Théâtre".

13 janvier 1790. Création du département de Rhône-et-Loire. Il est subdivisé en six districts : Lyon-ville, Lyon-Champagne, Villefranche, Roanne, Montbrison, Saint-Etienne.

The department of Rhone et Loire is created. It was sub-divided into six districts – Lyon-ville, Lyon-Champagne, Villefranche, Roanne, Montbrison, Saint-Etienne.

1790. Par décret, les monastères et les couvents lyonnais sont en partie dépossédés de leur emprise terrienne. A Lyon, les fabricants, les marchands de soie et les notaires profitent de cette aubaine. Une nouvelle série de ventes aura lieu entre 1796 et 1799.

By decree, the monasteries and convents of Lyons are dispossessed of their territorial rights. Manufacturers and silk traders buy a lot of the land. More land is sold between 1796 and 1799.

29 mai 1793. Après l'éviction des chefs de la Gironde à Paris, Lyon rompt ses relations avec la capitale. La Convention est, aux yeux des Lyonnais, coupable de toutes les exactions et, malgré de nombreuses tentatives de réconciliation, la situation ne fait qu'empirer.

Following the eviction of the Gironde chiefs in Paris, Lyons breaks off all relations with the capital city of France. The Convention is thought to be responsible for many acts of violence and despite all attempts to reconcile, the situation only gets worse.

Début août 1793. Les troupes révolutionnaires font le siège de Lyon. La ville tombe entre leurs mains le 12 octobre de la même année.

Revolutionary troops besiege Lyons. The town falls into their hands on 12 October.

12 octobre 1793. « Lyon fit la guerre à la liberté, Lyon n'est plus ! ». Dans la foulée de sa victoire, la Convention promulgue un décret aux termes duquel Lyon doit être détruite et porter le nom de Ville-Affranchie ».

"Lyons went to war against liberty, Lyons is no more!". On the strength of this victory the Convention promulgates a decree in which it is said that Lyons is to be destroyed and renamed "Ville-Affranchie".

Fin 1793-1794. Lyon connaît les heures noires de la Terreur. Près de deux mille personnes sont exécutées. Les anciens remparts de la Croix Rousse, le Château de Pierre-Scize, les façades de Bellecour, une centaine de maisons situées dans les quartiers Saint-Clair et des Terreaux sont détruits. Par ailleurs, les quartiers de la rive gauche du Rhône sont rattachés au département de l'Isère.

The people of Lyons live in terror. Nearly two thousand people are executed. The old ramparts of the Croix Rousse, the Pierre-Scize castle, the Bellecour façades, and approximately a hundred houses in the Saint Clair area are destroyed. The areas on the left bank of the Rhone become attached to the department of the Isère.

Fin 1794. A la mort de Robespierre, Lyon est sauvée. Mais à la suite de l'abrogation des décrets de la Convention, elle est rendue à ses habitants dans un triste état.

Upon the death of Robespierre, Lyons is saved. But following the abrogation of the decrees of the Convention, the town is handed back to the people in a very sad state.

1795. Laurent Mourguet installe dans la rue Noire (aujourd'hui rue Stella), dans la presqu'île lyonnaise, un petit théâtre de poupées à l'imitation des *pupazzi* (marionnettes) italiens. Guignol, nom dérivé d'un canut Lyonnais, est l'une de ses figu-

Lithographie du début du XIXe siècle avec, au premier plan, le pont qui deviendra pont Bonaparte après qu'il eut été emporté par une crue et reconstruit en 1856 et, sur la rive d'en face, la primatiale Saint-Jean.
Early 19e century lithograph with, in the foreground, a bridge that was swept away by flood waters. Bonaparte bridge was built in its place in 1856. Saint Jean cathedral stands on the river bank opposite.

Au cours du XVIIIe siècle, la soierie était l'industrie dominante de la ville.
During the 18th century, silk working was the major industry of the city.

rines qui personnifie l'ouvrier en soie et en reproduit le langage, l'esprit, les habitudes. Devenu très vite populaire, il donne son nom à la scène et au théâtre lui-même. Longtemps on a cru que Guignol venait de l'expression lyonnaise « C'est guignolant ! » ou du vieux mot guignol (bâtonnet) avec lequel la marionnette châtie ses ennemis.

Inspired by the Italian pupazzi (puppets), Laurent Mourguet opens a small puppet theatre in Rue Noire (now Rue Stella) in the Lyons peninsula. One of the puppets was named Guignol after 'canut' (Lyons silk worker). He personified a silk worker by using the same language and behaving in a similar manner. He quickly became popular and soon gave his name to the stage and then to the theatre itself. It was long thought that the name Guignol came from the Lyons expression "c'est guignolant!" or from the old word guignol (small baton) with which the puppet punishes his enemies.

● **1800.** Un an après le coup d'Etat du 18 brumaire, Bonaparte passe à Lyon et pose la première pierre des maisons monumentales de Bellecour. Il entend rendre à Lyon sa puissance économique.

One year after the coup of 18 Brumaire, Bonaparte came to Lyons where he laid the first stone of the huge

houses of Bellecour and restored the industrial power to the town.

● **1802.** Création du musée des Beaux-Arts.

The museum of Fine Arts and Architecture is created.

● **1804.** Invention du métier à tisser « Jacquard », qui sera à l'origine de la révolte des canuts lyonnais qui voyaient leur travail et leur métier remis en cause. Ce métier à tisser porte le nom de son inventeur, Joseph-Marie Jacquard, né à Lyon en 1752. A cette époque, les canuts étaient de plus en plus nombreux, et se trouvaient pour une grande partie à la Croix Rousse (la colline qui travaille).

The Jacquard weaving loom is invented. This loom causes the silk workers to rebel because they fear for their jobs. The loom is named after its inventor, Joseph-Marie Jacquard, born in Lyons in 1752. At that time, there were increasing numbers of silk workers. Most lived in the Croix Rousse area (the hill that works).

● **1815.** Après son exil sur l'île d'Elbe, Napoléon revient en France pour cent jours. En route pour Paris, il s'arrête à Lyon et proclame « Lyonnais, je vous aime ».

Following his period of exile on the island of Elba, Napoleon comes back to France for a hundred days. En route for Paris, he stops in Lyons and proclaims "People from Lyons, I love you".

● **21 novembre 1831.** Révolte des ouvriers de la soierie lyonnaise, les « Canuts », aux-

quels une minorité de patrons et le gouvernement refusent la garantie d'un salaire minimal. Maîtres de Lyon pendant une dizaine de jours, ils échouent faute d'organisation. L'ordre est brutalement rétabli par le maréchal Soult.

The silk workers rebel following the government's and managers' refusal to guarantee a minimum wage. They take over the town for about ten days, but fail in their endeavour due to a lack of organisation. Order is rapidly restored by General Soult.

● **1832.** Le premier chemin de fer, par Marc Seguin, relie Lyon à Saint-Etienne en six heures.

A railway line enables people to travel from Lyons to Saint-Etienne in six hours only!

● **24 mars 1852.** Un décret impérial divise Lyon en cinq arrondissements et lui rattache la commune de la Croix Rousse.

An imperial decree divided Lyons into five districts, and the Croix Rousse commune is bound to Lyons.

● **24 mars 1855.** Pose de la première pierre de la rue de la République. A cette époque, elle prend le nom de rue Impériale. Elle sera rebaptisée rue de Lyon en 1871 puis rue de la République en 1878.

The first stone to Rue de la République is laid. At that time, it was called Rue Impériale. It was subsequently renamed Rue de Lyon in 1871 and then Rue de la République in 1878.

● **1856.** Début des travaux de la gare de Perrache, d'après les dessins de l'architecte Cendrier.

Construction of Perrache station begins according to the architect Cendrier's plans.

● **1857.** Le Préfet Vaïsse engage la construction du parc de la Tête d'Or (le cœur vert de Lyon). Ce parc est dessiné par l'architecte paysagiste Bühler. Selon la légende populaire, on aurait retrouvé une tête d'or dans son enceinte.

The Tête d'Or park (the green heart of Lyons) is commissioned by the Préfet Vaïsse and designed by the architect Bühler. The legend has it that a golden head was found in the park.

● **1863.** Création du Crédit Lyonnais, dont le siège social est toujours à Lyon de nos jours.

The Crédit Lyonnais bank is founded; the head office of the bank is still in Lyons to this day.

Auguste et Louis Lumière, les inventeurs du Cinématographe.
Auguste and Louis Lumière who invented the cinematograph.

Thirty-nine people die in a landslide on Fourvière hill. Chazeaux hospital and several buildings in Tramassac Street are destroyed.

● **1940-1944.** La ville vit à l'heure de l'occupation allemande. Elle hérite du titre de capitale de la Résistance ou capitale de l'ombre. Le 15 mai 1943, Jean Moulin, chargé de l'unification entre la résistance intérieure et extérieure, crée le CNR (Conseil National de la Résistance). Il est arrêté le 21 juin 1943 à Caluire par la Gestapo de Lyon, dirigée par Klaus Barbie qui sera jugé et condamné dans cette même ville quarante-quatre ans plus tard.

The town is occupied by the Germans. During this period Lyons is called the Resistance capital. On 15 May 1943, Jean Moulin, who was in charge of communications between foreign and home resistance, founded the CNR (Resistance National Council). He was arrested on 21 June 1943 in Caluire by the Gestapo of Lyons under the commandment of Klaus Barbie. Fourty four years later Barbie was tried and sentenced in this same town.

● **1943.** Antoine de Saint-Exupéry, écrivain lyonnais, écrit « Le Petit Prince », l'histoire du narrateur-aviateur tombé dans le désert. Il disparaît un an plus tard au cours d'une mission de guerre.

Antoine de Saint-Exupéry, a writer from Lyons, writes "The Little Prince", the story of a writer-air pilot who crashed in the desert. He died the following year during a war mission.

L'aviateur et écrivain lyonnais Antoine de Saint-Exupéry.
The air-pilot and writer (The Little Prince) Antoine de Saint-Exupéry came from Lyons.

● **1944.** Les Américains bombardent Vaise et la Guillotière. Pour protéger leur retraite, les Allemands font sauter tous les ponts sauf un.

Vaise and La Guillotière are bombed by the Americans. In order to protect their retreat, the Germans destroyed all the bridges with the exception of one.

● **1948.** Naissance à Lyon du compositeur et show-man Jean-Michel Jarre.

Au Centre d'Histoire de la Résistance et de la Déportation, reconstitution d'une rue de Lyon sous l'occupation allemande.
Re-creation of a street in Lyons during the German Occupation at the Centre d'Histoire de la Résistance et de la Deportation.

● **1er avril 1887.** Le petit théâtre des Célestins, construit en 1792, brûle entièrement. Il sera reconstruit un siècle plus tard, soit en 1892, sur le même emplacement.

The small Célestins theatre is destroyed in a fire. Built in 1792 it was entirely rebuilt exactly a hundred years later, in 1892.

● **1909-1914.** Construction de la Halle Tony Garnier dans le quartier de Gerland. Né à Lyon en 1869, architecte de la Ville à partir de 1905, Garnier a notamment construit le stade olympique et l'hôpital de Grange Blanche.

Construction of the Tony Garnier covered market in the Gerland area. Tony Garnier was born in Lyons in 1869 and from 1905 he worked as an architect for the town council. His works also include the olympic stadium and Grange Blanche hospital.

● **1910.** L'éclairage électrique est installé dans toutes les grandes avenues lyonnaises.

All the big streets and avenues in Lyons are fitted with electric streetlights.

● **1913.** Construction du stade de Gerland.

Gerland stadium is built.

● **13 novembre 1930.** Automne meurtrier sur le flanc de la colline de Fourvière. Trente-neuf personnes trouvent la mort au cours d'un glissement de terrain qui détruit de nombreux bâtiments de la rue Tramassac ainsi que l'hôpital des Chazeaux.

Showman and composer Jean-Michel Jarre is born in Lyons.

● **1952.** Ouverture du tunnel de la Croix Rousse.

The Croix Rousse tunnel is opened.

● **23 février 1960.** Commencement des travaux du centre commercial et administratif de la Part-Dieu (la propriété de Dieu), sur l'emplacement d'un ancien terrain militaire.

Works begin on Part-Dieu shopping and administrative centre on the grounds of a disused army training ground.

● **12 décembre 1964.** Transfert des cendres de Jean Moulin au Panthéon, avec son célèbre éloge funèbre par André Malraux.

Jean Moulin's ashes are transferred to the Pantheon on the occasion of a ceremony and a famous funeral oration by André Malraux.

● **1968-1975.** Construction de l'aéroport international de Satolas, à 28 km à l'est de Lyon.

Construction of Satolas International airport, 28 km to the east of Lyons.

● **1969-1975.** Construction de la Bibliothèque municipale à la Part-Dieu.

Construction of Part-Dieu municipal library.

● **1974-1977.** Edification à la Part-Dieu de la tour du Crédit Lyonnais, plus communément appelée « le crayon ». D'une hauteur de 142 mètres, c'est un excellent repère visuel.

Construction of the Crédit Lyonnais skyscraper at Part-Dieu. This building is more commonly known as the 'Crayon' (pencil).

● **1975.** Ouverture du Musée de la civilisation gallo-romaine sur le site de Fourvière.

The Museum of Gallo-Roman civilisation is opened at Fourvière.

● **1978.** Construction de la gare TGV de la Part-Dieu.

Construction of the TGV (high-speed train) station at Part-Dieu.

● **1984.** Création de la Biennale de la danse, un des principaux événements mondiaux consacré à l'art chorégraphique.

The biennial festival of dance is founded. It is one of the biggest dance festivals in the world.

Le "crayon" du Crédit Lyonnais, le deuxième point de repère des Lyonnais après Fourvière.
The «crayon» (pencil), Lyons' other landmark after Fourvière.

● **1984.** Lancement du concours d'architecture pour la Cité internationale de Lyon (224 000 m²) avec des équipements tertiaires, commerciaux et culturels, ainsi qu'un pôle résidentiel et hôtelier haut de gamme. Dessinée par l'architecte italien Renzo Piano, la Cité Internationale installée près du parc de la Tête d'Or devrait se présenter sous son aspect définitif en 2005.

Launching of the architecture contest for the building of the Cité Internationale of Lyons (224,000 m²). The contest is won by Renzo Piano, an Italian architect. The Cité Internationale is near the Tête d'Or park. Construction should be finally completed by the year 2005.

● **1987.** l'Ecole Normale Supérieure (ENS) s'installe dans le quartier de Gerland

The Ecole Normale Supérieure (ENS) opens a school in the Gerland area.

● **1990.** Inauguration du siège mondial d'Interpol dans le quartier de la Cité Internationale

Inauguration of Interpol's head office for the world in the area of the Cité Internationale.

● **1992.** Inauguration de la Cité Scolaire Internationale dans le quartier de Gerland

Inauguration of the Cité Scolaire Internationale in the Gerland area.

● **15 octobre 1992.** Inauguration du Centre d'Histoire de la Résistance et de la Déportation (C.H.R.D.).

Inauguration of the Centre for the History of the Resistance and Deportation (C.H.R.D).

● **Juin 1996.** Le G7, sommet des sept pays les plus industrialisés du monde, a lieu à Lyon.

The G7 summit is held in Lyons.

● **3 avril 1998.** Inauguration du musée des Beaux-Arts de Lyon dans l'enceinte de l'Abbaye des bénédictines de Saint-Pierre. Huit années de travaux et 400 MF d'investissement auront été nécessaires pour la rénovation de ce musée surnommé le « petit Louvre ».

Inauguration of the Lyons Museum of Fine Arts in the Benedictines' Saint Pierre Abbey. The museum was restored at a cost of 400 million Francs over a period of eight years. It is now known as the 'Petit Louvre'.

● **1999.** La Cité Internationale accueillera un casino qui comptera douze tables de jeux traditionnels et jusqu'à quatre cents machines à sous.

A big Casino (12 traditional roulette tables and up to 400 fruit machines) is due to open at the Cité Internationale.

Avec le T.G.V., Paris est à moins de deux heures de Lyon.
The T.G.V. (High Speed Train) puts Paris at less than two hours away.

Des chiffres*

Capitale de la région Rhône-Alpes, deuxième région française et huitième région européenne par son poids économique, Lyon est aussi la deuxième agglomération française.

Population région lyonnaise
Superficie : 6 808 km²
Population en 1990 : 1 963 941 habitants
Communes : 571
Densité : 288 hab./km²
Population au 1.1.96 : 2 108 220 habitants
• de 0 à 19 ans : 27,50 %
• de 20 à 59 ans : 55,30 %
• 60 ans et plus : 17,20 %
• Hommes : 48,60 %
• Femmes : 51,40 %

Enseignement
Population étudiante : 73 000

Principales grandes écoles
Ecole Normale Supérieure (ENS)
Institut National des Sciences Appliquées (INSA)
Ecole de Chimie Physique Electronique (ECPE)
Ecole Nationale des Travaux Publics de l'Etat (ENTPE)
Centre d'Actualisation Scientifique et Technique (CAST)
Ecole Catholique d'Arts et Métiers (ECAM)
Institut Textile et Chimique (ITECH)
Ecole Centrale de Lyon (ECL)

Recherche
La région lyonnaise est la seconde région française en matière de recherche.
Deux centres internationaux :
Le Centre International de Recherche sur le Cancer
L'Institut d'Etudes des Eléments Traces
Recherche Publique : 450 laboratoires dans la région lyonnaise dont 155 à Lyon.
CNRS : 2 300 chercheurs
Inserm : 460 chercheurs
Recherche privée : 2 500 chercheurs

Les grands secteurs économiques
Commerce : 17 %, services : 45 %, industrie : 30 %, construction : 8 %

Santé
Les Hospices Civils de Lyon regroupent les hôpitaux de la région lyonnaise.
18 établissements sur 121 en Rhône-Alpes
6 500 lits sur 16 500 en Rhône-Alpes

Sources : Lyon et sa région, faits et chiffres - Aderly.

Industrie pharmaceutique
La région lyonnaise est le 9ᵉ producteur mondial de médicaments.

Nucléaire
La région Rhône-Alpes est le principal fournisseur national d'énergie électrique.
La région lyonnaise est le premier pôle européen d'ingénierie nucléaire.

Des Lyonnais

Nombreuses sont les étoiles lyonnaises qui auréolent la cité de leurs talents dans les mondes du spectacle et des arts, de la gastronomie, de la médecine, de l'industrie… Si depuis deux siècles le haut de l'affiche est toujours tenu par Guignol et son compagnon Gnafron [A], la ville compte également dans son album de famille l'explorateur de François 1ᵉʳ, Jean de Verrazane, le botaniste Antoine de Jussieu (1686-1758), l'inventeur du métier à tisser, Joseph-Marie Jacquard (1752-1834), le physicien André-Marie Ampère (1775-1836), la jolie Juliette Récamier (1777-1849), le médecin Claude Bernard (1813-1878), le peintre Puvis de Chavannes (1824-1898), les fameux frères Auguste et Louis Lumière (1862-1954, 1864-1948), Antoine de Saint-Exupéry (1900-1944) et le grand pourfendeur de virus Marcel Mérieux [B] (1870-1937), assistant de Louis Pasteur et fondateur de l'Institut que préside actuellement son fils Charles [C]. Citons encore les contemporains Christian Boiron [D], prince de l'homéopathie (photo H. Nègre/KR), les présentateurs TV Jacques Martin, Caroline Tresca, et Bernard Pivot [E], les cinéastes Jacques Deray [F] et Bertrand Tavernier [G], le compositeur Jean-Michel Jarre [K] (ici avec sa femme Charlotte Rampling, Photo Michael Wolf/ENA Press), de nombreuses saintes figures de notre histoire telles que Sainte-Blandine et Saint-Irénée, ou en ce siècle le cardinal Decourtray [I] (photo archevêché de Lyon) et l'abbé Pierre [H] (photo archives d'Emmaüs international). Notons encore quelques capitaines d'industrie tels que Antoine Riboud [J] ou Gérard Pélisson du groupe Accor, et parmi les nombreux grands "toqués" de la ville (voir plus loin), l'illustre Paul Bocuse [L] (Monsieur Paul pour les intimes) trinquant ici avec le truculent Frédéric Dard, le père de San Antonio, devant la fresque peinte où figurent plusieurs autres célébrités lyonnaises. Sans oublier, enfin, de grands noms du sport et de la politique…

A

B

C

D

Fourvière

Fourvière, dérivé de Forum Vetus (en latin vieux forum) culmine à plus de trois cents mètres et offre un panorama exceptionnel sur la ville. Le grand forum à l'origine du nom de la colline a été détruit en 840 **A**.

La notoriété de Fourvière est en partie due à la mystérieuse et massive basilique construite sur la colline du même nom. Inaugurée en 1896, cette basilique visible de toute la ville est dédiée à la Vierge **B**. Sur le vaste parvis, un lion se détache et garde l'entrée de la crypte **C**.

La tour métallique qui imite la tour Eiffel, mais ne mesure que quatre-vingts mètres de hauteur, est un clin d'œil des Lyonnais à Paris. Elle sert de relais de télévision depuis 1963, date à laquelle le restaurant qu'elle abritait a été fermé au public **D**.

*Fourvière, from Forum Vetus (Latin for old forum), reaches over 300 metres at its peak. From here there is a wonderful view of the city. The old Fourvière forum that stood on the hill was destroyed in 840 **A**. Fourvière is known especially for its mysterious and massive basilica built on the hill. It was inaugurated in 1896 and dedicated to the Virgin Mary **B**. A lion stands out in the square at the entrance to the crypt **C**. The steel tower was designed as an allusion to Paris and resembles the Eiffel tower. It is, however, only 80 metres high. Since 1963, when the restaurant there was closed down, the tower has been used as a television relay mast **D**.*

Vue de la basilique de Fourvière, depuis la passerelle du Palais de Justice **B**.

Signification des quatre tours :

Les quatre tours octogonales (de quarante-cinq mètres de haut chacune), lui valent le surnom d'« éléphant renversé ».

La tour nord-ouest symbolise la force : on peut y voir Samson combattre le lion et Jacob lutter avec l'ange ; la tour sud-ouest **A** symbolise la justice : David soumet Goliath et Salomon rend son jugement ; les tours côté ville symbolisent la prudence et la tempérance.

La Vierge reçoit les vœux des Echevins implorant la cessation de la peste noire en 1643.

L'intérieur baroque de la nef recèle des trésors artistiques tels que vitraux, orfèvrerie, fresques et surtout mosaïques somptueuses réalisées par Décote, Bosson, Poncet, Razuret… Ici le concile d'Ephèse, réalisé par Décote de 1940 à 1946 **C**.

View of the basilica from the Court of Justice footbridge **B**. *Because of the four octagonal towers (45 metres high) it has been nicknamed «the upside-down elephant».*

The north-west tower symbolises strength: one can see Samson fighting a lion and Jacob wrestling with an angel; the south-west tower **A** *symbolises justice : David has defeated Goliath and Salomon is passing his judgement; the two other towers symbolise caution and temperance.*

The municipal magistrates taking their vows in 1643 and beseeching the Virgin Mary to stop the black plague.

The interior of the basilica is full of artistic treasures and stained glass windows. Here, the ecumenical council of Ephesus depicted by Décote between 1940 and 1946 **C**.

A

Le monumental escalier Saint-Joseph **A**.

Le jardin du Rosaire permet de descendre à pied jusqu'au quartier Saint-Jean.

Le théâtre antique romain **B**, édifié au 1er siècle avant J.C. Initialement prévu pour cinq mille personnes, sa capacité a été doublée au IIe siècle. A côté du théâtre, l'Odéon, ou « le petit théâtre », élevé au 1er siècle après J.C.

Construit sous le règne d'Auguste, et agrandi sous Hadrien, le théâtre gallo-romain de Fourvière vit chaque été à l'heure de représentations théâtrales et de concerts de rock.

*The huge Saint Joseph stairway **A**.*
From the garden of the Rosary, one can walk down to the Saint Jean area.
*The ancient Roman theatre **B**, built during the 1st century BC. It was initially designed to contain 5,000 people, but during the 2nd century its capacity was doubled. Next to the theatre, the Odeon, or the 'little theatre', built during the first century AD.*
Fourvière Gallo-Roman theatre is a well known and much used summer venue for theatre performances and rock music concerts.

A

B

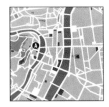

Le vieux Lyon

Le "vieux Lyon" comprend les quartiers de Saint-Georges, de Saint-Jean et de Saint-Paul (Ici la rue du Bœuf dans le quartier Saint-Jean ). Habité dès le IIᵉ siècle, il s'est développé à partir du Moyen Age. Il a connu sa véritable apogée au XVIᵉ siècle, avec notamment les quatre grandes foires annuelles. A l'époque médiévale, Saint-Jean avait une vocation ecclésiastique. La primatiale Saint-Jean constitue l'un des monuments les plus importants de Lyon. Devenue cathédrale de Lyon au XIIᵉ siècle, elle faisait partie d'un vaste groupe réunissant deux autres églises, Saint-Etienne et Sainte-Croix.

The 'Old Lyons' includes the areas of Saint Georges, Saint Jean and Saint Paul (Here, Rue du Bœuf in the Saint Jean area **A**). *People have lived here since the 2nd century but it wasn't until the Middle Ages that urban development really took off. The 'Old Lyons' reached its apogee during the 16th century, due, in particular, to the four big annual trade fairs that were held here. In medieval times, the vocation of the Saint Jean area was essentially ecclesiastical. Saint Jean primacy is one of the major monuments of Lyons. During the 12th century it was to become the cathedral of Lyons. Two other churches : Saint Etienne and Sainte Croix adjoined the primacy.*

la tour rose

Sur son emplacement se trouvait auparavant une église romane détruite en 1162 par les soldats du comte de Forez. Les églises Sainte-Croix et Saint-Etienne ont été rasées lors des guerres de religion en 1562. Les derniers vestiges des remparts du cloître ont disparu en 1930, lors du terrible glissement de terrain qui causa la mort d'une quarantaine de personnes.
L'édification de la primatiale Saint-Jean, au pied de Fourvière, a duré près de deux cents ans.
Ici le chœur illuminé dans un insolite décor hivernal **B**.

Where this church stood there used to be a Romanesque church that was destroyed in 1162 by the Count of Forez's soldiers. Sainte Croix and Saint Etienne churches were destroyed during the wars of religion in 1562. The remains of the cloister were swept away in 1930 by a dreadful landslide in which about forty people were killed.
It took over two hundred years to build the primacy, at the foot of Fourvière. Here, the chancel is lit up in an unusual winter setting **B**.

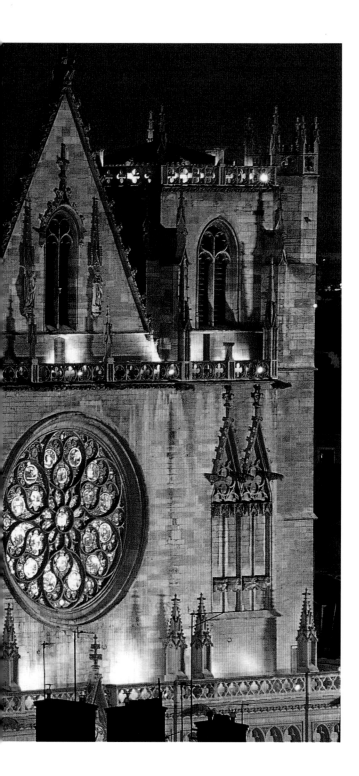

La façade de la primatiale Saint-Jean est caractéristique, avec ses trois portails gothiques et ses trois cents bas-reliefs représentant des scènes de la vie religieuse. Dans les voussures du portail de gauche, trente-six figurines décapitées symbolisent des martyrs.
Au centre, les vitraux de la magnifique rosace ont été réalisés en 1993 par Jacques de Beaujeux et Henriet de Nivelle.

The three great doors and the low reliefs representing various religious scenes on the façade of Saint Jean primacy are typical to Gothic architecture.
In the arches of the door on the left, thirty six beheaded figurines symbolise martyrs.
The stained glass work of the rose window was done by Jacques de Beaujeux and Henriet de Nivelle in 1993.

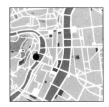

La célèbre horloge astronomique a été fabriquée en 1598 et restaurée en 1660, puis en 1992. Elle est la seule en France à avoir conservé son mécanisme d'origine, qui déclenche une série d'automates. Le taureau sculpté à l'angle de la rue du Bœuf et de la place Neuve est une œuvre du sculpteur liégeois Martin Hendricy.

The astronomical clock was built in 1598, restored in 1660 and again in 1992. It is the only clock of this type in France still going with its original clockwork mechanism that sets off a series of automated figurines.
The bull on the corner of Rue du Bœuf and Place Neuve was made by Martin Hendricy, a sculptor from Liège.

Les toits du quartier renaissance, rues du Bœuf et Saint-Jean, se profilent ici sur fond de Saône. Quelques étages plus bas s'ouvrent des cours intérieures où s'enroulent les escaliers, tandis que les façades alignent d'orgueilleuses fenêtres gothiques à meneaux.

The roofs of the Renaissance area, Rue du Bœuf and Rue Saint Jean with the Saône in the background. Several floors down, courtyards, stairways and magnificent façades with mullioned windows.

Au cœur de la rue Saint-Jean, la « Tour Rose » est l'un des hauts lieux de la gastronomie lyonnaise . Avis aux amateurs de décors et de draps en soie : chacune des chambres de l'hôtel de la Tour Rose a été décorée par un soyeux lyonnais. Egalement située dans la rue du Bœuf, la maison de l'« Outarde d'Or » (voir page 36) doit son nom à l'enseigne qui orne la façade depuis 1708.

In the middle of Rue Saint Jean, the 'Tour Rose' is one of Lyons' most reputed spots for gastronomy and good food A. The bedrooms of the Tour Rose Hotel are decorated by different silk manufacturers. «Outarde d'Or» (The golden wild goose) house (see page 36) is also located in Rue du Bœuf. The sign has been hanging on the wall since 1708.

B Immeubles quai Fuchiron en bord de Saône.
C Façades médiévales rue du Bœuf.
D Les toits du quartier Saint-Paul.
E La rue Saint-Jean entre chien et loup.

Du latin « trans ambulare » (marcher au travers), les traboules font partie des curiosités lyonnaises. Ces passages couverts permettaient aux canuts de livrer leurs pièces de soie aux fabricants, sans les abîmer. Les traboules ont été également très utilisées par les résistants sous l'occupation allemande. Ici une traboule aménagée dans une maison renaissance de la rue Saint-Jean **A** et, en face, à la Croix-Rousse, la traboule-passage Thiaffait **B**.

From the Latin 'trans ambulare' (walk through), 'traboules' are a typical feature of Lyons. These covered archways enabled the silk workers to deliver their lengths of silk to the manufacturers undamaged. The 'traboules' were also very much used by the Resistance during the German Occupation. Here, a 'traboule' in a Renaissance house in Rue Saint Jean **A** *and opposite, at Croix-Rousse, Thiaffait 'traboule'-passage* **B**.

Le vieux Lyon est encore un lieu de festivités et d'animations intenses où se retrouvent les amateurs de pièces rares.
A Place Saint-Jean, la foire annuelle des Tupiniers (potiers).
B Sur le quai de la Pêcherie, les bouquinistes hebdomadaires des bords de Saône.
C Quai Romain-Rolland, le Marché de la Création.

The old Lyons is still a busy place where connoisseurs like to come and look for rare pieces.
A *Place Saint Jean, the annual Tupiniers fair (potters).*
B *On Pêcherie quay, second-hand booksellers on the banks of the Saône.*
C *Romain Rolland quay, the Marché de la Création.*

La cour intérieure de la fameuse maison renaissance de "L'Outarde d'Or", au 19 de la rue du Bœuf A. B Les nombreux restaurants du quartier Saint-Jean dressent leurs tables en terrasse jusqu'au milieu de la rue, comme ici la rue Saint-Jean où l'on sacrifie midi et soir au culte de la gastronomie lyonnaise (Voir pages 85 à 99).

The inner courtyard of "Outarde d'Or", the famous Renaissance house at 19 Rue du Bœuf A. B Restaurant tables are set outside, right into the middle of the streets, like here in Rue St Jean where the gastronomy of Lyons takes over twice a day, at midday and in the evening (pages 85 to 99).

La Saône et ses ponts

L'histoire des ponts de Lyon est, pour le moins, riche en rebondissements. On ne compte plus les nombreuses destructions provoquées par les crues des fleuves et celles liées à la guerre. Au mois de septembre 1944, tous les ponts furent dynamités par les Allemands, sauf celui de "l'Homme de la Roche", situé au nord du quartier Saint-Paul.
La passerelle Saint-Georges a été reconstruite le 1er novembre de la même année.

There is no end to the number of bridges that have been swept away by flood waters or destroyed during war time. In September 1944, the Germans destroyed every single bridge in Lyons but one : the "Homme de la Roche", situated to the north of the Saint Paul area. The Saint Georges foot-bridge was rebuilt on November 1st of the same year.

38

La passerelle du Palais de Justice a connu bien des vicissitudes. Le premier ouvrage de 1780, probablement mal entretenu, est emporté par les glaces de l'hiver 1795. Le suivant, en bois, est endommagé par un feu d'artifice. Le troisième ouvrage, reconstruit entièrement en 1829, est détruit par la crue de 1840. La quatrième construction tiendra tant bien que mal jusqu'en 1944, époque à laquelle elle subit quelques dommages. Démolie en 1972 la passerelle du Palais de Justice a été remplacée en 1982.

Voisin de la passerelle du Palais de Justice, le pont du Maréchal-Juin a été inauguré le 8 décembre 1973. En arrière-plan, le pont de la Feuillée. Construit au début du XIXᵉ siècle, il sera refait en totalité entre 1910 et 1912. Il doit son patronyme à « La Taverne de la Feuillée » où se sont pratiqués jusqu'au XVIIᵉ siècle les commerces du plaisir.

The foot-bridge to the Court of Justice has had its ups and downs too! The initial bridge was destroyed during the frosts of 1795. The second, made out of wood, was damaged on the occasion of a firework display. A third bridge was built in 1829 but again, it was destroyed by flood waters in 1840. The fourth bridge survived until 1944 when it was badly damaged. It was destroyed in 1972 and rebuilt in 1982.
Maréchal Juin bridge was opened in 1973. Feuillée bridge is in the background.

A

B

Le pont Bonaparte dont l'origine remonte à 1634 a, lui aussi, connu les affres des crues et de la guerre. Démoli en 1778, 1856 et 1944, il sera reconstruit en 1950.

La passerelle Saint-Vincent, quant à elle, doit son originalité à ses piliers, en forme de navettes, qui rappellent l'instrument utilisé par les canuts dans le travail de la soie. Le pont Mazaryk est, avec celui de l'île de Barbe, l'un des deux derniers ponts suspendus de Lyon ouverts à la circulation automobile.

A En enfilade, la passerelle du Palais de Justice, les ponts Maréchal-Juin et de la Feuillée.

B La passerelle Saint-Vincent.

C Le pont Bonaparte et le quai de Bondy **D**.

Floods and war have also caused extensive damage to Bonaparte bridge. It was destroyed successively in 1778, 1856 and in 1944. It was rebuilt in 1950. The pillars of Saint Vincent foot-bridge resemble the silk workers' weaving shuttles. Mazaryk bridge and the one at La Barbe island are the last suspension-bridges in Lyons opened to motorists.

D

A Le moindre rayon de soleil fait descendre les Lyonnais sur les quais de la Saône, ici le quai Saint-Antoine face à la colline de Fourvière.

As soon as the sun comes out people in Lyons like to stroll along the banks of the Saône. Here, Saint Antoine quay, opposite Fourvière hill.

B Le pont Mazaryk.
C Quai Saint-Vincent, la Direction des Affaires culturelles s'est installée dans les anciens Greniers d'Abondance.
D Reflets dorés sous la passerelle Saint-Georges.
E Bénédiction lors de la fête patronale des mariniers.

La Croix-Rousse

Situé en face de Fourvière, ce quartier doit son nom à une croix en pierre rousse. Cette croix a été détruite par les protestants en 1662, puis installée de nouveau avant d'être définitivement enlevée en 1881. Véritable symbole de la ville du XIXe siècle, le quartier de la Croix-Rousse était, à cette époque, tourné vers l'activité de la soierie. Aujourd'hui, la Croix-Rousse est un véritable havre de paix, un quartier chaleureux et convivial qui sait se différencier du reste de la ville.

Croix Rousse is opposite Fourvière. The area was named Croix Rousse (red cross) after a red-coloured cross that was destroyed by the Protestants in 1662. It was subsequently re-erected but in 1881 it was removed definitively. During the 19th century it is here that the silk workers used to work.

C'est dans le théâtre des Trois Gaules, édifié en 19 après J.C., que se réunissaient les délégués des soixante peuplades des Gaules. En ces lieux, l'archevêque saint Pothin, la jeune Blandine et une quarantaine de chrétiens ont été torturés, aux tristes heures du martyre chrétien en 177 après J.C.  A.

«Déterré» lors de la construction du funiculaire et placé en 1890 à l'extrémité Est du boulevard de la Croix Rousse, le « gros caillou » est un véritable témoin de l'époque glaciaire B. La légende veut que ce « gros caillou » soit le cœur pétrifié d'un huissier impitoyable. Dieu lui aurait ordonné de pousser son cœur jusqu'à ce qu'il trouve plus méchant que lui. La pénitence de l'huissier aurait pris fin tout en haut de la colline après qu'il eut aperçu… son régisseur.

Representatives of the sixty small tribes from the Gauls used to meet in the theatre of the Three Gauls. The Archbishop Saint Pothin, the young Blandine and about forty other Christians were tortured here at the time of Christian martyrdom in 177 AD A.

The «gros caillou» or 'big stone' was unearthed during the construction of the funicular. In 1890 the 'big stone' was placed at the east end of Croix Rousse boulevard as a reminder of the glacial period B. A legend has it that this 'big stone' is a merciless bailiff's heart. God ordered the bailiff to push his heart until he found someone nastier than he was. His punishment ended at the top of the hill when he met his… superior.

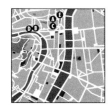

Le quartier de la Croix-Rousse comprend deux parties distinctes : le plateau et les pentes de la colline. La rue Pouteau A C et la montée de l'Annonciade B sont situées sur les pentes sud de la Croix-Rousse. La fameuse Maison aux 365 Fenêtres surplombe la place Rouville D. Cette maison a été construite au début du XIXᵉ siècle par l'architecte Brunet. Outre les trois cent soixante-cinq fenêtres qui symbolisent les jours de l'année, les quatre entrées représentent les saisons, les deux fois six étages les mois et les cinquante-deux cheminées les semaines.

E Ambiance typiquement lyonnaise : les pavés de la montée encore humides de la brume matinale.

The Croix Rousse area consists of two quite distinct parts: the plateau and the streets that run up and down the hill. Rue Pouteau A C and Annonciade rise B are situated on the southern slopes of Croix Rousse. The well known house with its 365 windows dominates Place Rouville D. It was built at the beginning of the 19ᵗʰ century by the architect Brunet. The three hundred and sixty five windows represent the days of the year, the four entrances represent the seasons, twice six floors the months of the year and the fifty two chimneys the weeks of the year.

E A typical Lyons atmosphere: an early morning mist has wet the paving stones.

A La montée Vauzelles, sur les pentes de la Croix-Rousse.

B La Croix-Rousse doit sa particularité à des maisons très hautes et, qui plus est, leurs façades sont comme taillées au couteau.

C L'église Saint-Bruno-des-Chartreux, construite entre 1590 et 1750 en pierres dorées, est le seul monument religieux baroque de Lyon. La façade date du XIXᵉ siècle.

D Au pied de la colline, côté Saône, un véritable spectacle pour le regard quand la lumière dorée de fin de journée s'en mêle.

A Vauzelles rise, on the slopes of Croix Rousse.

B Croix Rousse is reputed for its very high houses and sharp-angled facades.

C Saint Bruno des Chartreux church was built between 1590 and 1750 out of this golden coloured stone. It is the only religious baroque monument of its type in Lyons. The façade is 19ᵗʰ century.

D At the foot of the hill, near the Saône, the evening sun-light shines over the roof-tops of the area.

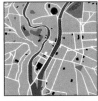

Située près de la place de la Croix-Rousse, la Maison des Canuts, rue d'Ivry dans le 4ᵉ arrondissement, est à la fois un musée vivant et une coopérative ouvrière. On peut y découvrir différents tableaux, tissus, étoffes, et approfondir sa connaissance sur les techniques du tissage de la soie et la condition des canuts. Avec un peu de chance, il vous sera même possible de faire fonctionner un métier à tisser de l'époque.

Near the Place de la Croix Rousse, the Maison des Canuts in Rue d'Ivry (4th arrondissement) is both a living museum and a workers co-operative. While the more conventional exhibits include paintings, materials and fabrics one also learns about silk weaving techniques and silk workers' working conditions. And, with a bit of luck, you might even be allowed to try your hand at weaving on an old loom.

A Au bas de l'escalier de la place Sathonay.
B La tuile rouge des toits, le vert des pentes et la variété des constructions ajoutent au charme croix-roussien.
C La montée de la Grande-Côte relie le bas des pentes au plateau de la Croix-Rousse.
D Bien que le jeu de boules ne soit pas d'origine lyonnaise, il constitue aujourd'hui un sport qui fait partie de la tradition locale.
E La Croix-Rousse est un quartier prisé par de nombreux artistes.
F Le marché dominical du boulevard de la Croix-Rousse est un rendez-vous incontournable pour tout bon Lyonnais.
G Le grand boulevard de la Croix-Rousse.

A *Down Place Sathonay' stairs.*
B *The red roof-tops, green slopes and varied architecture add to the charm of the Croix Rousse area.*
C *Grande Côte rise climbs up to Croix Rousse plateau.*
D *While playing 'boules' is not traditional to Lyons, it has become a very popular sport here too.*
E *The Croix Rousse area has become a popular place for artists.*
F *The Sunday market in Croix Rousse boulevard.*
G *The big Croix Rousse boulevard.*

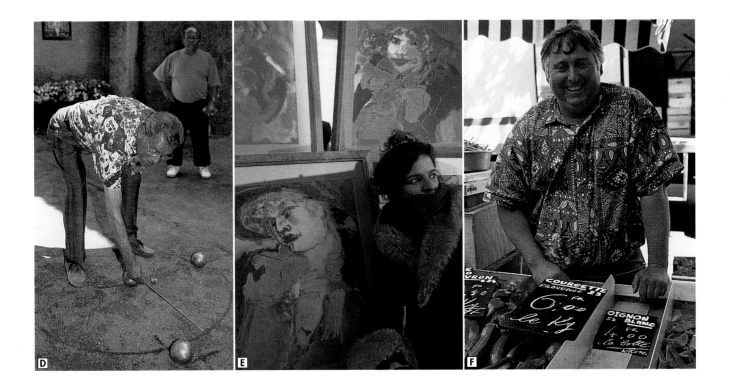

La Presqu'île

Il existe une très nette différence entre le nord et le sud de la presqu'île lyonnaise.
La partie nord (de Bellecour aux Terreaux), traversée par la rue de la République , comprend quelques-uns des plus beaux monuments de la ville.
La place des Terreaux a été construite sur des terrains marécageux. Elle est devenue place publique en 1659, lors de l'édification de l'Hôtel de Ville (de 1646 à 1672) C. C'est sur cette place qu'était installée la guillotine aux heures noires de la Révolution. A partir du XVIIIe siècle, la place des Terreaux est devenue un lieu à la mode. Elle a été récemment revisitée par Buren.

The Peninsula

The north and south of La Presqu'île (the peninsula) in Lyons are quite different. In the northern part (from Bellecour to Terreaux) and Rue de la République B, *one finds some of the most beautiful monuments of the entire city.*

Place des Terreaux was built on marshland. The square became public in 1659 when the Town Hall C *was being built (1646-1672). During the Revolution the guillotine was erected here. Place de Terreaux has been fashionable since the 18th century.*

Devant le musée Saint-Pierre se trouve la magnifique fontaine de Bartholdi, également créateur de la statue de la Liberté à New York. Cette fontaine, qui porte aussi le nom de Char de la Liberté, a été réalisée en 1887. Initialement prévue pour la ville de Bordeaux (elle symbolise la Garonne et ses affluents), elle sera érigée en 1892 sur la place des Terreaux, traditionnel lieu de rencontres et de festivités. Jusque très récemment, le Char de la Liberté faisait face à l'entrée de l'Hôtel de Ville. Pour les besoins de l'installation de Buren, la sculpture a été déplacée face au Palais Saint-Pierre.

In front of Saint Pierre museum there is a splendid fountain built by Bartholdi, otherwise known for designing the statue of Liberty in New York. This fountain, which symbolizes the river Garonne and its tributaries, was originally designed to be delivered to the city of Bordeaux. It was erected here in 1892. The Char de la Liberté (Chariot of Freedom) used to stand opposite the Town Hall but it was moved quite recently and re-erected opposite Saint Pierre Palace to make way for Buren's installations.

Le musée des Beaux-Arts, ou Palais Saint-Pierre, occupe l'ancien couvent des bénédictines de Saint-Pierre. Créé en 1802, ce musée est l'un des plus riches de France hors de Paris, ce qui lui vaut le surnom de « petit Louvre ». Il propose de très belles collections qui couvrent aussi bien la période de l'Egypte pharaonique que le cubisme. Le 3 avril 1998, après huit années de travaux, ce musée a connu une nouvelle inauguration. Trois salles supplémentaires ont été ouvertes et sont consacrées à l'exposition de trente-six toiles impressionnistes léguées par la comédienne Jacqueline Delubac, troisième épouse de Sacha Guitry. Dans les trois salles Delubac sont exposés, entre autres, des tableaux de Picasso, Renoir, Rodin, Degas, Braque…
A l'intérieur, le jardin invite à la détente.

The arts museum or Saint Pierre Palace was originally Saint Pierre Benedictine convent. Opened in 1802, it has since been nicknamed the 'Petit Louvre'. Exhibits include a selection of particularly valuable collections ranging from the Pharaonic period to Cubism.
The museum was officially re-inaugurated in 1998 after a major eight-year renovation job. Three new halls have been opened to the public to exhibit thirty six Impressionist paintings (Picasso, Renoir, Rodin, Degas, Braque…) left by Jacqueline Delubac, third wife of Sacha Guitry. The restful gardens of the museum.

Deux rendez-vous incontournables du "petit Louvre", "La jardinière" de Simon Saint-Jean (1837) A et les trésors de l'Egypte B.
De nouvelles salles, un espace qui met véritablement en valeur les chefs-d'œuvre de nombreux artistes C D. Une sérénité retrouvée qui se lit jusque sur le visage des modèles E.

Two absolute musts of the «Petit Louvre» museum. «La Jardinière» by Simon Saint Jean (1837) A and the Egyptian treasures B.
New halls and extra space have considerably improved the setting for some of the museum's masterpieces C D.

A Dans les jardins intérieurs du Musée Saint-Pierre.

B L'église Saint-Nizier est une des plus anciennes églises de Lyon. L'idée de son édification est née de l'épisode dramatique du martyre des chrétiens en 177. Le bâtiment actuel date en grande partie du XVe siècle. Sa façade est un étonnant mélange de styles roman, gothique et renaissance.

A *In the gardens of Saint Pierre museum.*

B *Saint Nizier church is one of the oldest churches in Lyons. The idea of building this church dates back to the time of Christian martyrdom in 177. As it stands today, the church is essentially 15th century. The façade is a surprising mixture of Romanesque, Gothic and Renaissance styles.*

À l'arrière de l'Hôtel de Ville, sur la place de la Comédie, se trouve l'Opéra de Lyon. Autrefois connu sous le nom de « Grand-Théâtre », il fut construit entre 1828 et 1832 et réaménagé dès 1842. L'édifice a été entièrement reconstruit de 1990 à 1992, sous la direction de l'architecte Jean Nouvel. La nuit tombée, l'immense verrière cylindrique qui le couvre (Ndr : surnommée "la râpe à fromage" par les Lyonnais) est éclairée par une lumière rouge.
A droite, la salle de répétition du corps de ballet du nouvel Opéra de Lyon.

Lyons Opera Hall is behind the Town Hall. It was built between 1828 and 1832 and refurbished as soon as 1842. It was entirely rebuilt between 1990 and 1992 under the management of the architect Jean Nouvel. At night the huge cylinder-shaped glass-roof (otherwise known in Lyons as the «cheese grater») is lit up by a red light. To the right, the rehearsal hall for the Lyons Opera Hall's corps de ballet.

Le fronton de l'Opéra est orné par huit des neuf muses, les filles de Mnémosyne (Mémoire) et de Zeus. L'une de leurs fonctions essentielles est d'être des chanteuses divines, celles dont les « chœurs réjouissent les dieux et les hommes ». Mais où est passée la neuvième sœur ? C'est un souci d'équilibre architectural qui justifie l'absence d'Uranie, muse de l'astronomie – et pourtant, combien d'étoiles sont déjà passées et passeront encore en ces lieux !

Situé dans l'enceinte de l'Opéra, le restaurant « Les Muses » convoité au départ par Paul Bocuse mais finalement confié à Philippe Chavent (Ndr : également propriétaire de la Tour Rose à Saint-Jean), offre un point de vue exceptionnel sur l'Hôtel de Ville de Lyon et sur le bureau de son premier magistrat au premier étage.

La place Louis-Pradel a été ouverte en 1982, sur un projet de 1976 signé de l'architecte Pierre Delfant, par ailleurs concepteur du centre commercial de la Part-Dieu.

The Muses adorn the pediment of the opera hall. One of their key functions is to be divine singers whose choruses «rejoice Gods and men alike». Strangely, the ninth sister is missing from the pediment. She was left out by the architect for aesthetic purposes.

From the restaurant Les Muses, owned by Philippe Chavent (also the owner of the Tour Rose at Saint Jean), there is a splendid view of the Town Hall and the mayor's office on the first floor.

Designed by the architect Pierre Delfant, Place Louis Pradel was inaugurated in 1982. Pierre Delfant also designed the Part-Dieu shopping centre.

68

Le théâtre des Célestins **A**, situé sur la place du même nom, date de la fin des années 1870. Il reste principalement fréquenté par les familles bourgeoises de Lyon.
B Le parking de la place des Célestins, une étonnante architecture souterraine due à Wilmotte, Buren et Targe.

Célestins theatre **A**, *situated on Place des Célestins was built towards the end of the 1870s. This theatre is essentially frequented by the bourgeois families of Lyons.*
B *Place des Célestins car-park, with its unusual underground architecture, designed by Wilmotte, Buren and Targe.*

C Reconstruit sous l'administration du préfet Vaïsse dans les années 1860, le Palais de la Bourse, autrefois occupé par la "corbeille" lyonnaise, n'abrite plus aujourd'hui que les bureaux de la Chambre de Commerce et d'Industrie de Lyon.

C *The Palais de la Bourse was rebuilt during the administration of the prefect Vaïsse during the 1860s. While there used to be a «corbeille» (trading floor) here the building is occupied now by the offices of the Chamber of Commerce and Industry of Lyons.*

Sur l'emplacement de l'ancien couvent des Jacobins, la place du même nom est mise en valeur par une fontaine ou figurent quatre statues debout d'artistes lyonnais célèbres : Flandrin, Audran, Delorme et Coustou A. La fontaine a été inaugurée le 14 juillet 1885 et ce malgré l'absence des statues…
Les sirènes de 1a fontaine des Jacobins B ont été dessinées par Delaplanche, « l'un des artistes honorant l'école de sculpture française » et sculptées par Busque.
L'aménagement des berges et de leur environnement (ici le quai de 1a Pêcherie en bord de Saône C) a transformé l'aspect de la ville qui devient de plus en plus soucieuse du confort de ses habitants.

Place des Jacobins, on the site of the old Jacobin convent. The square is embellished with a fountain in which there are four statues of famous local artists : Flandrin, Audran, Delorme and Coustou A. The fountain was inaugurated in 1885. The mermaids of Jacobin fountain B were designed by Delapanche, «one of the artists who honoured the French school of sculpture» and carved by Busque.
Town planning along the river banks (here the Quai de la Pêcherie along the Saône C) has changed the look of the city which has become more and more concerned about improving the inhabitants' comfort.

Au cœur de la presqu'île, la place Bellecour, surplombée par la colline de Fourvière, est, avec ses quelque six hectares, une des plus grandes d'Europe. Après s'être successivement appelée place Louis-le-Grand, de la Fédération, Bonaparte, Napoléon, à nouveau Louis-le-Grand, elle a été baptisée place Bellecour en 1871. Au centre de la place se trouve la majestueuse statue de Louis XIV **A**. Le roi Soleil est en costume d'apparat d'empereur romain et il monte sans selle ni étriers.

La première statue de Louis XIV, créée par François Desjardins en 1674 et inaugurée officiellement en 1713, a été détruite en 1792. Les sculptures du Rhône et de la Saône (réalisées par Coustou) qui ornaient chaque côté du socle de cette statue ont été épargnées. Le monument actuel réunit une sculpture de Frédéric-François Lemot – qui a reproduit fidèlement le Louis XIV de Desjardins – et le Rhône et la Saône de Coustou.

L'activité commerçante du passage de l'Argue **B**, proche de la place des Jacobins, contraste ici avec la sérénité renaissance du passage Ménestrier **C**, près du quai Jean-Moulin.

*Place Bellecour is one of the biggest squares in Europe. A splendid statue of Louis XIV stands in the centre of the square **A**. Wearing Roman emperors' ceremonial dress the Sun King is riding bare-back without stirrups. The first statue of the Sun King was inaugurated in 1713 but it was destroyed after the revolution in 1792. The sculptures of the Rhone and the Saône that adorn the base of the statue were saved.*

*The busy Argue passage **B** contrasts with the Renaissance peacefulness of Ménestrier passage **C**, near Jean Moulin quay.*

Depuis 1890, le musée Historique des Tissus **A** remplace le musée d'Art et d'Industrie. Il est installé dans l'hôtel de Villeroy (XVIIIᵉ siècle), et dispose d'une banque de données, de renommée mondiale, courue par tous les spécialistes de l'univers textile. Les collections exposées dans son enceinte sont d'une extraordinaire richesse et réunissent des tissus du monde entier du IIIᵉ siècle à nos jours, ainsi que des soieries lyonnaises et des tapis d'Orient.
B L'abbaye romane des Remparts d'Ainay et les fresques de son abside voûtée en cul-de-four.

The Historical Museum of Fabrics has been replaced by The Museum of Arts and Industry **A** *since 1890. The museum occupies Villeroy house (18th century), and is known world-wide for its data bank of textiles and fabrics. Collections include rare textiles and fabrics from the 3rd century onwards, Lyons silk and oriental carpets.*
B *The Romanesque abbey of Remparts d'Ainay and its arched apse frescos.*

Sur la place Antonin-Poncet $\boxed{A}$, le clocher de l'ancien hôpital de la Charité. L'une de ses particularités est d'avoir été construit grâce aux familles lyonnaises, au début du XVIIᵉ siècle.

$\boxed{B}$ De réalisation récente, la fontaine de la place de la République ajoute un peu de fraîcheur dans un quartier très commerçant.

Le plan lumière fait ressortir la beauté des bâtiments historiques de Lyon. Ici l'université Lyon III, sur les quais du Rhône, qui héberge, entre autres, la Faculté de Droit $\boxed{C}$.

The old Charité hospital bell tower on Place Antonin Poncet $\boxed{A}$.
$\boxed{B}$ *A new fountain, Place de la République, brings a little coolness to a busy shopping area.*
The lighting scheme highlights the beauty of the historical buildings. Here, Lyons III University $\boxed{C}$.

Le Rhône et ses ponts

Autrefois tumultueux, le Rhône est aujourd'hui assagi par de nombreux barrages situés en amont de Lyon. La passerelle du Collège a été construite sous Louis-Philippe en 1845. C'est la seule passerelle piétonne qui traverse le Rhône.
Elle se découpe, ci-contre, sur un fond constitué par la colline de la Croix Rousse avec, en haut à gauche, le demi-cylindre de l'Opéra de Lyon.

Bridges over the Rhone

Thanks to a number of dams upstream the Rhone is no longer the turbulent river it used to be.
The Collège foot-bridge was built under Louis-Philippe in 1845. It is the only foot-bridge across the Rhone.
It is seen opposite against Croix Rousse hill in the background and Lyons Opera glass-roof in the top left hand corner.

Le pont Lafayette A relie les Brotteaux à la Presqu'île, comme son voisin le pont Morand.

Construit en 1824, le pont Lafayette sera endommagé par les crues d'août 1825 et ouvert de nouveau à la circulation en novembre 1829. Successivement appelé pont du Concert, puis Charles X, il porte le patronyme de Lafayette depuis 1831. En 1884, sa fiabilité est mise en cause. Il est alors démoli puis de nouveau jeté sur le Rhône en 1889. En 1944, les Allemands le dynamitent. Il est finalement reconstruit dès 1945.

Sur les quatre faces des piles du pont Lafayette, on peut apercevoir les sculptures en bronze de la Saône et du Rhône, par Guillaume Coustou. Le Rhône est symbolisé par un géant barbu avec une impressionnante musculature B. La Saône, quant à elle, est représentée par une femme aux courbes très douces (page 83 C).

Brume sur le Rhône, depuis le pont Lafayette avec, en arrière-plan, le pont Wilson C.

Lafayette bridge A joins Les Brotteaux to the Peninsula, as does Morand bridge.
Lafayette bridge was built in 1824 but it was badly damaged the very next year during the August floods of 1825. It was initially named Concert bridge, then Charles Xth bridge and re-named again as Lafayette bridge in 1831. In 1884 it was thought that it might collapse so it was destroyed and rebuilt in 1889. In 1944, the Germans blew it up. It was rebuilt again immediately after the end of the war.
Bronze sculptures of the Rhone and the Saône adorn each side of the piers of Lafayette bridge. The Rhone is symbolised as a very strong bearded giant B. The Saône is seen as a gentle looking woman (page 83 C).
C Mist on the Rhone from Lafayette bridge; Wilson bridge is in the background.

A

Le pont de l'Université a été construit entre 1899 et 1903 . Après s'être appelé pont de la Faculté, il porte depuis le début du siècle le nom que nous lui connaissons aujourd'hui. Détruit en septembre 1944, il a été de nouveau jeté sur le Rhône en 1947. C'est l'un des plus beaux ponts de Lyon, avec le précédent, dont voici, ci-dessous, le pilier de la Saône **C**.

Les péniches amarrées au quai du Rhône **B** accueillent des habitations particulières, des restaurants, des salles de spectacle, des boîtes de nuit et même un commerce d'articles de pêche.

Université bridge **A** *was built between 1899 and 1903. It was destroyed in September 1944 and rebuilt after the war in 1947. It is one of the most beautiful bridges of Lyons.*
Below, the statue of the Saône on a pier of Lafayette Bridge **C**.
Barges moored alongside the Rhone **B** *serve the purpose of accommodation, restaurants, night clubs and even a fish-tackle shop.*

La gastronomie

Nous ne pouvions quitter la Presqu'île et la rive droite du Rhône sans y faire une halte gastronomique, notamment dans la célèbre rue Mercière A où se succèdent les « bouchons » (cf. page 86). A Lyon, la cuisine est un art qui se consomme à toute heure et sans réserve. Lors d'un séjour prolongé, une visite des meilleures tables s'impose. Ici les « Mères » (anciennes cuisinières des maisons bourgeoises lyonnaises) ont depuis longtemps ouvert la voie de la tradition, du savoir-faire et du savoir-(bien) vivre. Paul Bocuse, qui a fait ses classes chez la « Mère » Brazier, la première femme à avoir décroché les trois étoiles du guide Michelin, n'a de cesse de saluer sa mémoire. Au cours des siècles, les plus grands gastronomes, les écrivains de tous horizons et les stratèges politiques de tous bords ont tous magnifié les saveurs culinaires lyonnaises. Aujourd'hui, des bouchons aux grandes tables que sont le restaurant de Paul Bocuse ou celui de Jean-Paul Lacombe (Léon de Lyon), il n'y a pas un endroit qui ne mérite un détour. Prenez toutes les cartes de Lyon en main et vous aurez un imbattable jeu d'atouts.

B Les Halles de Lyon et leurs bouchons, où l'on « mâchonne » (cf. page 86) après avoir fait ses courses tôt le matin, sont incontournables. C'est ici que s'entretient le culte des meilleurs produits de la capitale de la gastronomie.

In Lyons cooking is considered as an art that can be consumed at any time of day or night. On the occasion of a prolonged stay it is essential to eat out in one of the best restaurants. Here, «Mères» have long been reputed for their traditional style cooking, friendly atmosphere and savoir-faire. Paul Bocuse who started out with «Mère» Brazier, the first woman to be awarded three stars in the Michelin Guide, is loud in praises of her. Over the centuries the greatest chefs, writers and strategists have all admired the culinary talents of the cooks from Lyons. Today, the «Bouchons» and the unique restaurants such as paul Bocuse's or Jean-Paul Lacombe's are all well worth a detour.

B After a good shopping session at Lyons' Halles (covered market) the «Bouchons» just cannot be ignored.

A C'est dans les cuisines lyonnaises que se mitonnent les recettes aux mille saveurs célébrées par les gastronomes du monde entier.
Le « Bouchon » désigne un petit bistrot où l'on peut déguster sans « chichis » et en toute convivialité une solide cuisine familiale.

B Exercice de style purement local, le « mâchon » est un deuxième petit déjeuner roboratif à base de cochonnailles, de fromage et de vin, à prendre au milieu de la matinée. C'est généralement un moment haut en couleur et très convivial.

C Le boudin aux pommes figure sur toutes les bonnes cartes des bouchons lyonnais.
Les « grattons » D, morceaux de graisse grillés, et les « frittons » E ont le privilège d'introduire tout bon mâchon lyonnais qui se respecte et d'accompagner les apéritifs.

F Le saucisson de Lyon désigne la plupart du temps un saucisson à cuire et à servir chaud avec des pommes de terre à la vapeur.

A *Recipes famous the world over are carefully prepared in the kitchens of Lyons.*
A «Bouchon» is a small 'bistrot' or café where one can enjoy a good basic, straightforward family cuisine.
B *A «Mâchon» is a second restorative breakfast of salami, bacon, etc., cheese and wine eaten in the middle of the morning.*
C *Apple blood sausage is a speciality of Lyons.*
«Grattons» D and «frittons» E accompany the aperitif in all the better «Bouchons».
F *Lyons slicing sausage is usually cooked and served hot with steam-cooked potatoes.*

Grattons
Maison
7,20

rittons
les
00 g **10,50**

*Saucisson
de Lyon*

le kg **120**,___ F

La rue Mercière est « la rue » des restaurants lyonnais. Toutes les saveurs s'y mêlent. Le célèbre Bistrot de Lyon  est l'endroit où il faut se montrer. Plus loin dans la rue, quelques restaurants thématiques remportent un succès très méritoire comme Bleu de toi et les Enfants terribles dont le propriétaire a racheté il y a peu l'ancien restaurant de Pierre Gagnaire à Saint-Étienne.

Le Bouchon aux Vins (rue Mercière) B C est l'un des espaces chaleureux de la presqu'île lyonnaise. Les fondateurs des lieux ne sont pas des inconnus, puisqu'il s'agit de Jean-Claude Caro (Bistrot de Lyon) et de Jean-Paul Lacombe de Léon de Lyon.

Rue Mercière is «the street» for restaurants in Lyons and caters for all tastes. If you want to be seen, Bistrot de Lyon is the one A . Further down the street there are some successful theme restaurants.
The Bouchon aux Vins (Rue Mercière) B C is one of the most welcoming and enjoyable restaurants in the peninsula.

Le Garet (Lyon Presqu'île) doit sa notoriété à sa bonne cuisine mais aussi à ses « mâchons » A B.
Parmi les tables réputées, comptons également La Meunière C. C'est un rendez-vous tonique pour les papilles et un lieu où l'on déguste les bons mots.

Le Garet (Lyons peninsula) is famous for its good cooking and its «mâchons» A B.
Among the more famous restaurants, one could mention the convivial La Meunière, an invigorating experience for one's taste buds C.

L'hôtel de luxe La Villa Florentine et son restaurant « Les terrasses de Lyon » (Relais et Châteaux depuis 1996) dominent majestueusement la Saône depuis la colline de Fourvière **A**. La bâtisse du XVIIᵉ siècle est un véritable havre de paix et Stéphane Gaborieau (1 étoile Michelin) sait ajouter au plaisir de se reposer dans ce lieu, celui d'y savourer sa talentueuse cuisine. Laissez-vous donc tenter par le « déshabillé de homard européen tiède à la Lyonnaise » et vous verrez Lyon sous une nouvelle lumière.

B La fameuse brasserie Georges est l'une des plus belles centenaires de Lyon. Ambiance garantie dans ces lieux particulièrement animés les samedis soir.

C La Tassée (à proximité de Bellecour) fait partie des tables très appréciées par les « vrais » Lyonnais. Sa carte est éloquente ; les cochonnailles traditionnelles côtoient les mets les plus fins.

A *The luxury hotel and restaurant La Villa Florentine look out over the Saône from Fourvière hill. The 17ᵗʰ century building is a haven of peace and Stéphane Gaborieau (1 star in the Michelin Guide) knows how to add to the pleasure of resting here and enjoying his cuisine. Try his «déshabillé de homard européen tiède à la Lyonnaise» and you will see Lyons under a new light.*

B *Brasserie Georges is one of the most beautiful hundred-year-old restaurants of Lyons. A good atmosphere is guaranteed, particularly on Saturday nights.*

C *La Tassée (near Bellecour) is one of the locals' favourites. The menu 'à la carte' speaks for itself !*

A Une "mère" dans la plus pure tradition lyonnaise, sert ici elle-même les clients de son bouchon dans le quartier des Halles

B Jean-Paul Lacombe, célèbre chef lyonnais, auréolé de trois étoiles Michelin dans son Léon de Lyon, a ouvert le Petit Léon (rue Pleney) pour régaler les amateurs de chaude ambiance lyonnaise à prix souriant.

C Atmosphère plus feutrée : le Passage (rue du Plâtre, dans la Presqu'île). A la mode lyonnaise, c'est un endroit où l'on se montre sans s'afficher, pour déguster une excellente cuisine. Le décor très soigné et la disposition des lieux tout à fait originale ne manquent pas de séduction.

A *A «mère» (mother) serving customers in a Lyons «Bouchon» near the Halles.*

B *Jean-Paul Lacombe to whom the Michelin Guide has awarded three stars, opened the Petit Léon for the pleasure of those seeking Lyons' food and atmosphere at reasonable prices.*

C *A more chic atmosphere: the Passage (Rue du Plâtre). This is a typical Lyons style restaurant serving excellent food. The interior decoration is first class and the lay out of the place is truly attractive.*

C

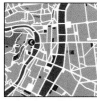

D Paul Bocuse a porté l'art de la gastronomie lyonnaise à son faîte. Ambassadeur international des saveurs locales, homme d'affaires très averti, il a ouvert plusieurs brasseries à Lyon : « l'Est » (dans la gare des Brotteaux), « le Nord » (dans la partie nord de la presqu'île) et « le Sud » (sur la place Antonin-Poncet). Son restaurant historique reste celui des bords de Saône à Collonges-au-Mont-d'Or. Il faut y déguster son saumon en croûte et demander au chef de participer à la photo de groupe en fin de repas. Un exercice pour lequel il se fait rarement prier.

C La Tour Rose, dans le quartier de Saint-Jean (Vieux Lyon, voir aussi page 32), et son chef Philippe Chavent **A** ajoutent à la vaste palette des goûts et des saveurs proposées par la capitale de la gastronomie, une touche très originale et très personnelle **B**.

A l'instar de Paul Bocuse ou de Jean-Paul Lacombe, Philippe Chavent a ouvert d'autres restaurants dans la ville dont celui des « Muses » situé dans l'enceinte de l'opéra avec une terrasse très caractéristique (voir page 67).

D Paul Bocuse has raised the gastronomy of Lyons to its pinnacle. He is the international ambassador of local tastes, and a successful businessman. He has opened several «brasseries» in Lyons : the Est (at Brotteaux station), the Nord in the more northern part of the peninsula and the South (on Place Antonin Poncet). His most famous restaurant, of course, is on the banks of the Saône, at Collonges-au-Mont-d'Or. Here one comes from far afield to taste his «saumon en croûte». At the end of the meal, when asked, the chef will as a rule willingly join into the group photograph.

*C La Tour Rose, in the Saint Jean area (Old Lyons, page 32) and chef Philippe Chavent **A** add to the impressive number of tastes and flavours one can choose from in this gastronomic capital **B**.*

Like Paul Bocuse and Jean-Paul Lacombe, Philippe Chauvent has opened other restaurants in Lyons, among which the Muses, situated inside the opera hall (see page 67).

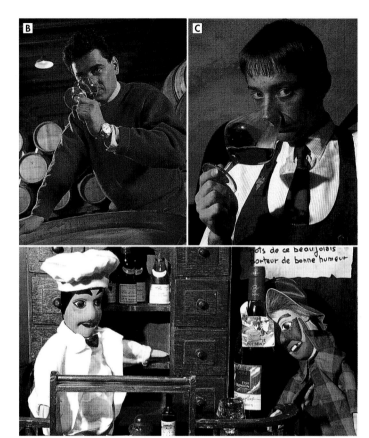

Les bars du quartier de Saint-Paul s'animent le soir venu A. Le quartier compte de nombreuses boîtes de nuit qui contribuent à sa coloration.
Si, après le Rhône et la Saône, le troisième fleuve arrosant Lyon est le Beaujolais (Ndr : plaisanterie lyonnaise qui ne manquera pas de vous être servie chaude au début d'un mâchon) Georges Dubœuf est, quant à lui, son premier ambassadeur B.
Frédéric Guillermin est le grand œnologue de la région lyonnaise. Il officie notamment dans le cadre de la fameuse cour des loges. A le suivre dans ses dégustations de vins de Champagne on ne peut qu'être emporté dans un univers de volupté C.

The bars in the Saint Paul area come to life in the evenings A. The area is also known for its night clubs, of which there are many.
Georges Dubœuf, the first representative of beaujolais wine B.
Frederic Guillermin C is the great wine expert in the region.

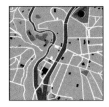

Rhône - Rive gauche

La majeure partie de la rive gauche du Rhône est occupée par le quartier des Brotteaux qui est limité au sud par le cours Lafayette et au nord par le parc de la Tête d'Or. Ce parc a été créé en 1856, sous l'administration du préfet Claude-Marius Vaïsse, qui voulait créer un grand espace paysager à Lyon et ainsi offrir « la campagne à ceux qui n'en n'ont pas ». Il a fait appel aux paysagistes suisses Denis et Eugène Bühler qui ont pris pour modèle les jardins anglais. D'une superficie de cent dix-sept hectares, le parc de la Tête d'Or possède un plan d'eau de seize hectares alimenté par un bras du Rhône. L'accès principal, appelé l'entrée « des Enfants du Rhône » doit son nom à la sculpture de Coquet installée sur la place qui le dessert.

The Brotteaux area occupies most of the left bank of the Rhone, from Cours Lafayette in the south to Tête d'Or park to the north. The park was created in 1856, under the administration of the prefect Claude Marius Vaïsse who wanted to develop a vast environmental project in Lyons so that he could offer «a countryside to those who didn't have any». He called in the Swiss landscape gardeners Denis and Eugène Bühler who followed English garden designs. The land area of the park is 117 hectares. A sixteen hectare artificial lake is supplied in water from the Rhone. The main entrance to the park, called «Enfants du Rhône» is situated Place Coquet.

Les serres, partagées en serres chaudes et serres froides, ont été construites en 1857 et 1882 **A**. Elles présentent d'étonnantes espèces végétales.

Les grilles monumentales du parc ont été dessinées par l'architecte Meysson et réalisées par Joseph Bernard, entre 1900 et 1902 **B**.

La roseraie du parc de la Tête d'Or, créée en 1964, compte plus de soixante mille rosiers de plus de trois cents variétés différentes **C**. Développée sur cinq hectares, c'est l'une des plus importantes concentrations de roses du monde.

*The heated and unheated greenhouses were built between 1857 and 1882. The iron gates were designed by the architect Meysson, and produced by Joseph Bernard between 1900 and 1902 **B**. The rose garden was created in 1964 and now includes over sixty thousand rose bushes of at least three hundred varieties **B**. It is one of the biggest rose gardens in the world.*

Le jardin botanique couvre sept hectares sur les cent cinq hectares du parc de la Tête d'Or. Les espèce rares du jardin alpin et du jardin mexicain (ci-contre une impressionnante collection de cactus-cierges), les variétés exceptionnelles de plantes à découvrir sous les serres majestueuses en font un lieu qui est hautement apprécié par les botanistes du monde entier.

The botanical gardens occupy seven out of the Tête d'Or park's hundred and fifty hectares. Botanists now come from all over the world to visit the the green-houses and rare plant species in the Alpine and Mexican gardens (opposite an impressive collection of cereus cactii).

A

B

L'organisation de police crimi-
nelle internationale Interpol a
été le premier occupant du site
de la cité internationale en
1990. Les limiers du monde
entier se retrouvent pour démê-
ler leurs enquêtes dans ce bâtiment hérissé d'antennes et,
faut-il le préciser ?, extrêmement bien gardé **A**.
Pour s'isoler en milieu urbain,
rien de tel que de s'essayer à la
pêche à la ligne sur les quais du
Rhône ou de la Saône **B**.

*Interpol (international criminal
investigations police) was the
first organisation to establish
itself in the Cité Internationale
in 1990. Detectives from all over
the world meet here in this extremely well protected building to
unravel the threads of their
enquiries* **A**.
*Angling on the banks of the Rhone
or the Saône* **B**. *Can you think
of a better way to get away from
the hustle and bustle of the city ?*

Conçue par l'architecte italien Renzo Flano, la Cité Internationale, splendide de nuit comme de jour 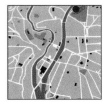 A B, est installée entre le Rhône et le parc de la Tête d'Or. Outre le nouveau Palais des Congrès de Lyon, elle accueille le musée d'Art Contemporain et aussi un multiplexe cinématographique UGC. Elle devrait s'enrichir rapidement d'un hôtel de luxe et d'un casino. C'est à partir de 2005 que la Cité internationale devrait se présenter sous son aspect définitif.
A l'inverse de Paris, il est plus noble à Lyon de prendre le métro que le bus. La beauté des stations de métro (ici la station Valmy à Vaise C) n'y est sans doute pas étrangère…

Set between the Rhone and the Tête d'Or park, the Cité Internationale A B was designed by the architect Renzo Flano. The Cité houses the new

Palais des Congrès (Congress Hall), the museum of contemporary art and a UGC "multiplex" cinema. Shortly there will also be a four star hotel and a casino. The project should be completed by the year 2005. In Lyons, unlike in Paris, one looks more respectable taking the metro than a bus. Perhaps the beauty of the stations (here Valmy station at Vaise C) has something to do with this…

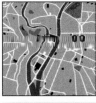

Non loin du parc se trouve le quartier de la Part-Dieu, qui doit sa réputation de dynamisme économique à la création du centre commercial du même nom en 1967.

La tour du Crédit Lyonnais , érigée entre 1974 et 1977, est l'un des rares gratte-ciel de Lyon (Ndr : à ne pas confondre avec le quartier des gratte-ciel de Villeurbanne). Elle a été surnommée le « crayon » par les Lyonnais en raison de son corps de bâtiment allongé chapeauté par un toit en forme de mine, dont la pointe se profile ici sur un arrière-plan enneigé. Les stations alpines sont en effet à une heure de voiture de la cité lyonnaise.

B La gare de la Part-Dieu date de 1983. Elle est le point central d'une Zone d'Aménagement Concerté de vingt-quatre hectares. Elle supplante aujourd'hui l'ancienne gare de Perrache située dans la presqu'île lyonnaise.

Not far from the park the Part Dieu area took off in 1967 when the Part Dieu shopping centre was built there.

The Crédit Lyonnais tower A built between 1974 and 1977 is one of the few sky scrapers in Lyons. It is otherwise known as the «crayon» (pencil) because of its elongated shape and sharp end. The mountains in the background are covered with snow. Indeed, the Alpine skiing resorts are only an hour's drive away from Lyons.

B Part Dieu station, built in 1983. It has taken over from the older Perrache station situated on the peninsula.

La gare des Brotteaux, voisine de celle de la Part-Dieu, est notamment occupée par une brasserie « l'Est », dont le propriétaire n'est autre que Paul Bocuse, et par un centre international de ventes aux enchères publiques 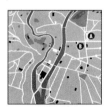.

Toujours dans le quartier de la Part-Dieu, se trouve également l'auditorium de Lyon, construit entre 1972 et 1975 [B]. Son architecture en forme de coquille Saint-Jacques est admirable. Récemment, toute son acoustique a été entièrement confiée aux bons soins d'un spécialiste lyonnais reconnu dans le monde entier : la société 01db qui a également travaillé l'acoustique de l'opéra Bastille à Paris.

Brotteaux station, next to Part Dieu station. Within, the Est Brasserie, the owner of which is none other than Paul Bocuse, and an international centre for auction sales [A].

Still in the Part Dieu area, Lyons auditorium, built between 1972 and 1975 [B]. *The acoustics of the edifice have recently been entrusted to an expert company from Lyons: 01db. This company is also known to have worked on the acoustics of the Opéra Bastille in Paris.*

Située dans le quartier Gerland, la halle Tony Garnier a été construite de 1909 à 1914, sur un projet de Tony Garnier **A**. Premier «projet d'envergure» confié à l'architecte de la Ville par Edouard Herriot, elle intégrait les abattoirs de la Mouche, fermés en 1975 **B**. Cette halle de 18 000 m², protégée au titre des monuments historiques, a été restaurée en 1988. Elle sert aujourd'hui de lieu d'expositions et de concerts.

C Le stade de Gerland, remodelé pour la Coupe du monde de football de 1998, a été édifié selon les plans de Tony Garnier. Construit en 1913, il est le seul élément sportif dans le projet de cité industrielle de Garnier. En 1984, le stade avait déjà fait l'objet d'un premier réaménagement par l'architecte lyonnais René Gagès.

Situated in the Gerland area, Tony Garnier hall was built between 1909 and 1914 **A**. *It was the first large-scale project entrusted to Tony Garnier, the city architect, by the mayor Edouard Herriot; The project included the slaughter houses of la Mouche which closed down in 1975* **B**. *The hall, now a listed building, was restored in1988. It is used now as a venue for exhibitions and concerts.*

C *Gerland stadium, redesigned for the 1998 Coupe du Monde (World Cup) was built by Tony Garnier in 1913.*

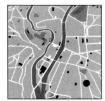

Les murs peints

Antoine Garnier , dit Tony, architecte urbaniste, a réalisé au début du XXᵉ siècle les plans d'une étonnante « cité industrielle » à partir de trois hypothèses : l'essor de la grande industrie, le triomphe du béton armé et l'avènement des idées socialistes. Zola l'avait surnommé « le Jaurès de l'urbanisme ». Le quartier des Etats-Unis (8ᵉ arrondissement), dont les pignons aveugles présentent aujourd'hui les fresques du musée urbain Tony-Garnier, a été construit entre 1920 et 1933. Il réunit seize allégories murales, réalisées par les artistes de "La Cité de la Création" et totalisant quatre mille mètres carrés de murs peints.

Le premier tableau, « Les années 1900 » B et E (détail) évoque les principales motivations qui ont guidé Tony Garnier dans ses recherches urbanistiques.

Sur le mur des « Abattoirs de la Mouche » (voir page 113 **B**) sont représentés en premier plan les frères Lumière, Laurent Bonnevay, Jules Courmont, ainsi qu'Edouard Herriot serrant la main à Tony Garnier.

Le mur « Les services publics » **C** est un plan aérien de la Cité Industrielle imaginée par Tony Garnier.

Le mur « Etablissements sanitaires » met en valeur trois soucis hygiénistes.

Painted walls

Antoine Garnier **A**, *commonly known as Tony, was an architect and city planner. He designed the plans for an unusual 'industrial city' on the basis of three hypotheses: the development of industry, the success of reinforced concrete, and the advent of socialist ideas. He was nicknamed «the city planning Jaurès» by Emile Zola.*

The Etats Unis area (8th arrondissement) was constructed between the years 1920 and 1933. It includes 16 frescoes, i.e., 4,000m2 of painted walls.

Garnier's first painted wall, the 1900s **B** **E**, *depicts the deep-seated motives that guided him in his research.*

The Lumière brothers, Laurent Bonnevay, Jules Courmont and Edouard Herriot are depicted shaking hands with Garnier in the foreground of the «Abattoirs de la Mouche» wall.

The «Services publics» **C** *wall is an aerial view of the Cité Industrielle pictured by Garnier.*

The «Etablissements sanitaires» wall illustrates three hygienist concerns.

Le mur « Habitations, vues rapprochées »
illustre le souci de Tony Garnier de rationaliser
afin de réduire les coûts de construction .
L'architecte a consacré la moitié des dessins de
son projet à l'habitation.

Sur le mur « Habitations en commun », on
note les points forts du projet Garnier, à
savoir des voiries larges, aérées, des
immeubles pas très hauts, beaucoup de
fenêtres… Tony Garnier a été jusqu'à pro-
poser un cadre de vie sur le mur « Habitation, intérieur » .

Le mur dit « Les hauts-fourneaux » est le
dernier du parcours de cette cité industrielle.

The «Habitations, vues rapprochées» (dwel-
lings, close-up views) wall illustrates how, by
improving efficiency, Garnier planned to redu-
ce construction costs . *Half of the drawings*
for his project are devoted to accommodation.
The «Habitations en commun» (apartment
buildings) wall shows several of the key aspects
of Garnier's project, i.e., nice wide streets,
small buildings, lots of windows… He even
went to the extent of proposing a living envi-
ronment on the «Habitation, intérieur «
(Home interior) wall .

The visit of this industrial city ends with the
"Hauts fourneaux" (blast furnace) wall .

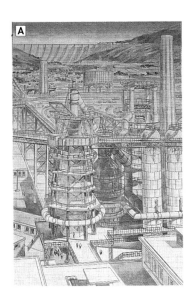

A

Le "Mur des Canuts" **A** est une des plus grandes fresques d'Europe. Sur 1200 m² de surface, il met en valeur trois figures locales de légende : Guignol, Gnafron et la Madelon. Peinte avec malice par les artistes de la "Cité de la Création", cette ancienne cicatrice de la Croix-Rousse est devenue l'un des monuments lyonnais les plus visités.

Un à un, les pignons du quartier des Etats Unis se font cimaises. Après avoir traduit en une quinzaine de fresques l'œuvre de Tony Garnier, ce "Musée Urbain" offre ses derniers murs à l'expression picturale de divers artistes étrangers. Le New Yorkais Matt Mullican ordonna sa "cité idéale" par un canevas de pictogrammes, le Russe Grégory Chestakov imagina la sienne colorée et sans frontières, tandis que dans la cité de l'Egyptien Abdel Salam Eid **B** toutes les cultures antiques sont reliées entre elles par des circuits imprimés, ces hiéroglyphes de la modernité.

*The «Mur des Canuts» (silk workers wall) **A** is one of the biggest frescoes in Europe. It depicts three local figures: Guignol, Gnafron and Madelon. Mischievously painted by the artists of the «Cité de la Création», this wall, one of the old scars of Croix Rousse, has now become a popular tourist attraction and one of the most visited monuments in Lyons. All the earlier frescoes depicted the work of Tony Garnier, the urban architect, but more recently other walls have been painted by foreign artists. The New Yorker Matt Mullican depicted his «cité idéale» (ideal city) in a framework of pictograms; the Russian Gregory Chestakov painted a colourful city with no frontiers; the Egyptian Abdel Salam Eid's wall represents all the ancient cultures connected to each other by printed circuits.*

Réunis sous la signature "Cité de la Création", quinze passionnés de l'esthétique conçoivent leurs œuvres en prenant en compte les caractères historiques, géographiques et les dimensions sociales des lieux de chacune de leur intervention. De Lyon à Mexico, de Barcelone à Rome, de Paris à Biarritz, leur démarche spécifique est créatrice d'espaces de découverte et d'échange permettant une très forte appropriation des œuvres par les habitants. A ce titre, l'UNESCO décerna à la "Cité de la Création" le label de la "Décennie Mondiale du Développement Culturel", pour sa conception et sa réalisation du Musée Urbain Tony Garnier.

Historical background, geography and different social aspects are taken into account by the artists of the «Cité de la Création» in the design of each new project. From Lyons to Mexico, Rome and Barcelona, their works are considered appropriate by the local inhabitants and are much appreciated by all.
The «Cité de la Création» has received an award from UNESCO for the design and making of the Tony Garnier Museum.

Au pied de la Croix-Rousse, la "colline qui travaille", face à Fourvière, "la colline qui prie", l'une de leurs dernières réalisations met en scène sur une fresque monumentale de 800 m² **C**, trente célébrités lyonnaises de l'an 10 avant JC à nos jours, parmi lesquelles Saint-Exupéry et son petit prince **A** et les frères Auguste et Louis Lumière **B**.

*At the foot of Croix Rousse, «la colline qui travaille» (the working hill) ; opposite Fourvière «la colline qui prie» (the praying hill), one of the «Cité de la Création»'s latest works, depicting thirty local celebrities from the year 10 AD to the present time in a huge fresco (800 m²) **C**, among whom one recognises Saint-Exupéry and his little prince **A**, the Augustus brothers and the Lumière brothers **B**.*

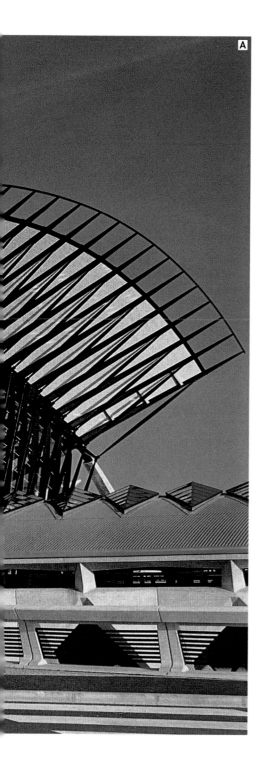

A

B

C

L'aéroport international de Lyon Satolas est, depuis 1994, relié à une gare TGV conçue par l'architecte espagnol Santiago Calatrava. Cette plate-forme intermodale, unique par l'association qu'elle réalise entre le ciel, le rail et la route, devrait devenir rapidement un point de connexion incontournable pour les voyageurs du nord et du sud de l'Europe.

A L'envol de la gare-raie manta de l'aéroport Lyon Satolas.
B Le scalpel de verre de l'Institut Pasteur, dans le quartier de la halle Tony-Garnier.
C Signalétique "libellule" pour cette bouche du métro lyonnais.

A *Lyons-Satolas airport*
B *The glass scalpel of Institut Pasteur, in the Tony Garnier area.*

Songeur pétrifié au pied des gratte-ciel de Villeurbanne A.
B La Maison du Livre, de l'Image et du Son, située à Villeurbanne, a été construite entre 1986 et 1988, sur un projet de Botta, et fait partie de vingt-et-un « Grands Travaux de l'Etat », des années 1980. Toutes les activités culturelles sont représentées : bibliothèque, vidéothèque, discothèque, artothèque, auditorium.

Petrified dreamer at the foot of the Villeurbanne sky scrapers A.
B La Maison du Livre, de l'Image et du Son, in Villeurbanne, was built between 1986 and 1988. This project was one of the 'Grands Travaux' of the 1980s. The building houses a library, video and art libraries, a discotheque and an auditorium.

Le neuvième arrondissement de Lyon a été créé par décret en 1964. Il héberge une multiplicité de quartiers (les édiles municipaux en comptent douze) dont celui de Gorge-de-Loup où se trouve l'immeuble high tech du groupe Rhône Poulenc.

The ninth arrondissement was created by decree in 1964 and includes a large number of areas and districts (the town councillors claim there are twelve) ; among them Gorge de Loup which accommodates Rhone Poulenc's high tech building.

128

L'Institut Lumière, ou « Château des Lumière » est à la fois une photothèque et une cinémathèque. Cette grande maison bourgeoise a été construite selon les plans d'Antoine Lumière, père d'Auguste (1862-1954) et de Louis (1864-1948) Lumière. Antoine Lumière s'attachera principalement au développement de la photographie, tandis que ses deux fils partiront en quête du mouvement des images. Ils déposent en 1895 le brevet d'une caméra qui sert également de projecteur et de tireuse, appelée le « Cinématographe ». Le 22 mars 1895, les frères Lumière tournent leur premier film "La sortie des usines Lumière".

The Institut Lumière, or «Château des Lumière» is both a picture library and film archive. This big bourgeois house was built by Antoine Lumière, father of Auguste Lumière (1862-1954) and Louis Lumière (1864-1948). Antoine Lumière devoted his time to developing photography while his two sons set about studying the movement of pictures. In 1895 they patented a camera called the «Cinématographe». On March 22nd 1895 the Lumière brothers' first film was produced.

Le plan lumière

Depuis 1989, le plan lumière lyonnais, qui sert de référence en France et dans le monde en raison de sa qualité et de son ampleur, a complètement transformé le paysage nocturne de la cité. Non moins de cent cinquante bâtiments sont mis en valeur, ce qui confère à la ville un aspect extrêmement chaleureux. La recherche d'une grande fonctionnalité et un souci d'esthétisme accru ont guidé les pas des initiateurs et des concepteurs de ce plan lumière dont la plus belle récompense est d'avoir été sollicités pour la mise en lumière de Saint-Petersbourg, de Jérusalem, de Montréal et de La Havane.
A Sous le tablier du pont de l'Université, le pont de la Guillotière et, plus loin, le dôme de l'Hôtel-Dieu et le pont Wilson en lumières, que l'on retrouve à droite, dans le sens du cours du fleuve **B**.

Since its onset in 1989, the lighting scheme in Lyons has completely changed the night cityscape and become a world-wide reference to go by. At least a hundred and fifty buildings are flood lit, giving a wonderful feeling of warmth to the city. The engineers who designed and completed this functional and aesthetically carefully planned scheme have since been commissioned to light up Saint Petersburg, Jerusalem, Montreal, and Havana.

A *Under the roadway of Université bridge, Guillotière bridge and further away, Hôtel Dieu dome and Wilson bridge which we see again on the right* **B**, *looking down water.*

La passerelle du Collège présente
des tonalités chaudes, ici tard dans
la nuit A, à comparer avec ses
aspects diurne et crépusculaire des
pages 78-79.
B Le relais de télévision de Fourvière se donne également la nuit
des airs de tour Eiffel.
C Sous un ciel de pourpre, des
éclairages savants confèrent à la
primatiale Saint-Jean et à la basilique de Fourvière l'aspect doré de
précieux reliquaires.

Collège footbridge late at night A.
*B Fourvière television relay mast
at night, looking rather like the Eiffel tower.*
*C Saint Jean primacy and Four-
vière basilica under a crimson
coloured sky.*

Les monuments lyonnais sous les feux de la rampe…
A L'éclairage nocturne met en évidence l'architecture baroque du Palais de la Bourse, place des Cordeliers, tandis qu'il accentue la fougue de l'attelage sculpté par Bartholdi, place des Terreaux **B**. A un jet de lumière de là, la cour intérieure de l'Hôtel de Ville se mute chaque soir en décor d'opérette **C** **D**.

Lyons' monuments lit up by footlights…
A *The flood lighting reveals the baroque architecture of the Palais de la Bourse, Place des Cordeliers, and stresses the traits of Bartholdi's 'Chariot of Freedom', Place des Terreaux* **B**.
At night the Town Hall courtyard changes into a decor for an operetta **C** **D**.

Lyon en fêtes

Les Lyonnais se rassemblent, tous
les 8 décembre, pour arpenter les
rues de leur ville en chantant et en
dansant. Lyon est alors illuminée
par des milliers de bougies. Cette
fête des lumières célèbre la Vierge
qui aurait sauvé la ville de la terrible peste noire en 1643.
La foule est ici rassemblée sous les
parapluies sur le parvis de la primatiale Saint-Jean **A**.

Festivities

*People in Lyons gather each year on
December 8th to sing and dance in
the streets. Thousands of candles
illuminate the city for the occasion,
which celebrates the Virgin Mary,
believed to have saved the town
from the black plague in 1643.*

*Here crowds gather under umbrellas
in the square in front of Saint Jean
primacy* **A**.

A l'origine, les Lyonnais remerciaient leur bienfaitrice par le don d'un cierge de sept livres de cire blanche, et d'un écu d'or au soleil. Cette cérémonie se déroulait le 8 septembre et elle a été repoussée au 8 décembre à partir de 1852. Les bougies sont alignées ici sur les rebords de fenêtres de la maison Thomassin, dans le quartier Saint-Jean B. Et, ci-dessous, sur un balustre de la cour de l'Hôtel de Ville C.

In the old days people from Lyons used to thank their benefactress by donating a seven pound church candle and a gold crown to the sun. This ceremony used to take place on September 8th but in 1852 the date was changed to December 8th. Here the church candles are lined up on the window sills of Thomassin house, in the Saint Jean area B. Below, on a baluster at the Town Hall C.

Depuis 1984, la Biennale Internationale de la danse de Lyon est un événement mondial très couru. La huitième édition de cette manifestation se déroulera du 11 au 29 septembre 1998, la neuvième célébrera l'an 2000. Après le soleil espagnol en 1992, avec ici la compagnie Christina de Hoyos **A**, le rythme des sambas brésiliennes en 1996, Lyon vivra, en 1998, trois semaines méditerranéennes.
B Le Transbordeur est un lieu de concert original, situé sur une ancienne usine des eaux qui alimentait la moitié de la ville avant 1977. Le jour, les jeunes Lyonnais profitent agréablement des nombreuses places et espaces verts de la ville, comme ici sur les marches de la place Bellecour **C**.

*Since 1984, the Lyons Biannual International Dance festival has become a much reputed venue world-wide **A**. The 8th edition of the festival is scheduled from 11th to 29th September 1998. It will be host to Dance Companies from the Mediterranean countries. The ninth edition will be held in the year 2000.*
B *Le Transbordeur is an unusual venue for concerts. Formerly a water supply plant for half the population of Lyons, it was closed down in 1977 and converted.*

Biennale Internationale de la Danse, Biennale Internationale du théâtre des jeunes publics, les créateurs lyonnais ont toujours su organiser des temps forts et des rencontres de très haut tenue culturelle et artistique. Les concepteurs de ces deux grands moments, qu'il s'agisse de Guy Darmet (Maison de la Danse) ou du duo Michel Dieuaide - Michel Yendt (Théâtre des Jeunes Années), méritent la renommée internationale de leur biennale respective. C'est une récompense qu'ils partagent avec le public lyonnais et les aficionados du monde entier qui font à cette occasion une incursion entre Rhône et Saône. Et quand la culture internationale ne vient pas à Lyon, comme elle le fait à l'occasion des biennales ou d'autres rendez-vous traditionnels tels que les nuits de Fourvière, c'est Lyon qui réjouit le monde avec un ambassadeur prestigieux : l'Orchestre National de Lyon.

A Un concert classique donné par l'Orchestre National de Lyon dans la cour de l'Hôtel de Ville.
B Affluence estivale sur les gradins du théâtre antique de Fourvière lors d'une soirée musicale.

A *A classical concert given by Lyons National Orchestra in the courtyard of the Town Hall.*
B *Summer crowds on the terraces of the ancient theatre on the occasion of an evening of music.*

Restaurants cités

Le Bistrot de Lyon - 64, rue Mercière - 04 78 37 00 62
Bleu de Toi - 51, rue Mercière - 04 78 37 24 65
Le Bouchon aux Vins - 62, rue Mercière - 04 78 42 88 90
Les Enfants Terribles - 9, r. des Marronniers - 04 78 42 88 13
Le Garet - 7, rue du Garet - 04 78 28 16 94
Brasserie Georges - 30, cours de Verdun - 04 72 56 54 54
Léon de Lyon - 1, rue Plénay - 04 78 28 11 33
La Mère Brazier - 12, rue Royale - 04 78 28 15 49
La Meunière - 11, rue Neuve - 04 78 28 62 91
Les Muses de l'Opéra - Opéra de Lyon - 04 72 00 45 58
Brasserie Le Nord - 18, rue Neuve - 04 78 28 24 54
Le Passage - 8, rue du Plâtre - 04 78 28 11 16
Paul Bocuse - Place d'Illhaeusern - Collonges-au-Mont-d'Or
04 72 27 85 85
Le Petit Léon - 3, rue Plénay - 04 72 00 08 10
La Tassée - 20, rue de la Charité - 04 78 37 00 62
La Tour Rose - 22, rue du Bœuf - 04 78 37 25 90
Villa Florentine/Les Terrasses de Lyon
25, montée Saint-Barthélémy - 04 72 56 56 56

Musées, art, culture

• **Institut Lumière**
25, rue du Premier Film - 04 78 78 18 95
Du mardi au dimanche de 14 h à 18 h
Tarifs :
exposition : 25 F, tarif réduit 20 F
cinéma : 29 F, tarif réduit 25 F

• **Opéra**
1, place de la Comédie - 04 78 28 09 50
Visites sur demande à l'Hôtel de Ville

• **Parc de la Tête d'Or**
Du 1/10 au 31/03 de 6 h à 20 h
Du 1/04 au 30/09 de 6 h à 23 h

• **Musée de la civilisation gallo-romaine**
17, rue Cléberg
Du mercredi au dimanche 9 h 30-12 h et 14 h-18 h

• **Musée des Beaux-Arts**
24, place des Terreaux - 04 78 28 07 66
Du mercredi au dimanche de 10 h 45 à 18 h

• **Centre d'Histoire de la Résistance et de la Déportation**
14, avenue Berthelot - 04 78 72 23 11
Du mercredi au dimanche de 9 h à 17 h 30
Tarif : 25 F, tarif réduit 15 F

Dans le style pompier cher au XIXᵉ siècle, le plafond allégorique du Palais de la Bourse vante ici les vertus du commerce dans l'empire colonial.

Jacques-Bernard Taste, journaliste professionnel depuis 1976, a créé en 1996 l'agence "C'est Arrivé Demain".

Isabelle Pautrat l'a rejoint récemment en tant que responsable du département communication et presse d'entreprise.

C'est Arrivé Demain est spécialisée dans la rédaction d'enquêtes économiques, de sagas industrielles et de chroniques historiques. Elle intervient également dans la conception et la réalisation de documents industriels, de journaux d'entreprise…

Christine Delpal est née en 1965, **Marc Carbonare** en 1959. Après dix-sept années passées en Algérie et au Sénégal et un troisième cycle en sciences économiques, il part travailler en Afrique dans des projets de développement. Après une maîtrise de sociologie, elle crée à Lyon l'agence de photographes Neroptik avec Marc Carbonare. Ils alternent de fréquents reportages à l'étranger avec une activité régulière dans la région Rhône-Alpes. Ils sont correspondants de plusieurs magazines. En parallèle, Christine Delpal mène une réflexion sur la photographie et l'analyse des villes dans les sciences humaines au sein du GREMMO (Maison de l'Orient, Lyon).
Elle expose à l'Institut du Monde Arabe (Paris) *"Syrie, images citadines"* (1993).
Ils exposent à l'Institut du Monde Arabe *"Oman entre mer et citadelle"* (1994) et à la Maison des Cultures du Monde (Paris) *"Yemen"* (1994).
Missions photographiques pour l'UNESCO/agence Gamma (projet "Patrimoine 2001") sur les villes et sites classés au Yemen et au sultanat d'Oman (1994). Ils ont publié *"Aimer Lyon"*, éd. Ouest France, *"La Fresque des Lyonnais"* avec la Cité de la Création, *"Le Beaujolais"*, éd. Milan, *"Lyon, intelligence d'une ville"*, éd. Ouest France. Ils travaillent comme accompagnateurs et concepteurs de circuits avec l'agence de voyages-aventures Atalante. Leurs reportages sont diffusés par les agences Explorer (Paris) et Iconos (Lyon).

Numéros utiles
Hôtel de Ville : 04 72 10 30 30
(site Internet : http://www.mairie-lyon.fr)
Office du Tourisme : 04 78 78 40 40
Préfecture : 04 72 61 60 60
Hôtel de Police : 04 78 78 40 40
Maison de la Danse : 04 72 78 18 18

Pour se documenter
• *Guide gourmand de Lyon*
• *Lyon, le sang et l'encre*, de Pierre Mérindol
• *Les ponts de Lyon*, de Jean Pelletier
• *Traboules de Lyon, histoire secrète d'une ville*, de René Dejean
• *Lyon aux premiers temps chrétiens*, de Jean-François Reynaud
• *C'est nous les canuts*, de F. Rude

ainsi que, aux Créations du Pélican :
• *Voir la nature au cœur de Lyon, 15 itinéraires pédestres pour découvrir la nature au cœur de la cité*, de Yves Vérilhac.
• *Les plus belles balades autour de Lyon*, de Bruno Pambour.
Dans cette collection, 40 autres titres disponibles, parmi lesquels :

Voir la nature au cœur de LYON
de Yves Vérilhac

Peu de Lyonnais soupçonnent les trésors naturels que leur réserve l'agglomération lyonnaise. Dans les jardins publics mais aussi sur les berges des rivières et des fleuves, aux abords des vieux forts, le long des anciennes voies ferrées, au détour des ruelles, dans les montées d'escaliers et dans les recoins les plus insolites, la nature réussit à reprendre ses droits, et pointe son nez pour le plaisir des citadins. A travers quinze itinéraires pédestres, ce guide pratique vous dévoile une nature tenace qui vous fera apprécier plus encore la ville de Lyon.

98 pages 140 x 210 mm, 200 photos et cartes couleurs sous couverture souple.

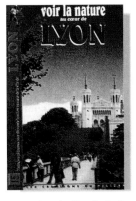

Les plus belles balades autour de LYON de Bruno Pambour

Autour de Lyon, nul besoin de partir loin vers les sommets vertigineux pour jouir de splendides panoramas, accéder à des sites étonnants, voire insolites, et s'enivrer de sentiers au charme idyllique… A travers quarante itinéraires pédestres choisis, ce guide est conçu pour vous permettre de découvrir en toute sécurité et au gré de votre curiosité, votre pays, le Lyonnais et ses environs. En vous détaillant les paysages parcourus, les arbres et les fleurs, la faune, cet ouvrage a aussi l'ambition de décoder pour votre agrément l'environnement naturel de vos balades. Un guide résolument indispensable pour vos week-ends.

40 itinéraires, 168 pages 190 x 210 mm, 350 photos et cartes couleurs sous couverture rigide.

sommaire